호텔연회실무

Practice on Hotel Banquet

이정학 저

기문사
www.kimoonsa.co.kr

머리말

최근 여성의 사회진출로 인한 시간부족과 핵가족화 및 아파트 문화로 인한 공간의 부족에 따라 과거 집에서 행하던 각종 모임을 호텔의 연회장에서 하고 있다. 기업의 교육, 세미나, 설명회, 단합대회 등의 행사도 호텔의 연회장을 자주 이용하고 있으며, 사회적으로도 각종 모임이 증대되고 있어 호텔의 연회장은 대중화되고 있다. 또한 세계화의 추세에 따라 크고 작은 국제행사도 증대되고 있어 호텔 연회의 중요성은 더욱 높아가고 있다.

호텔의 영업부서는 객실과 식음료 부문으로 크게 나뉘지만 최근에는 식음료 부문 중에서도 연회 부분의 매출이 호텔에 따라서 60~ 90%를 차지하고 있어 객실, 식음료, 연회 등 세 부분으로 구분할 만큼 그 비중이 높아지고 있다.

이와 같은 중요성에 비하여 호텔연회실무 관련 전문교재는 매우 부족한 실정이다. 이에 저자는 과거 호텔의 연회관련 부서에서의 경험을 토대로 '호텔연회관리론'이라는 저서를 출간한 바 있는데 이번에 보다 실무 분야를 확대하여 '호텔연회실무'를 출간하게 되었다.

본서는 총 4부 10장으로 구성되어 있다. 제1부 호텔연회의 기초 편에서는 제1장 호텔연회의 이해 · 제2장 연회행사의 종류와 상품, 제2부 연회예약 편에서는 제3장 연회예약 업무의 이해 · 제4장 회의행사의 예약접수 · 제5장 연회관련 서식의 작성, 제3부 연회서비스 편에서는 제6장 연회장 기물 및 장비 · 제7장 연회서비스의 기초 · 제8장 패밀리 파티 및 출장연회 서비스, 제4부 연회판촉 편에서는 제9장 연회판촉의 이해 · 제10장 연회패키지 상품 및 이벤트 기획을 다루었다. 그리고 부록에서는 호텔연회 관련 용어를 해설하였다.

아무쪼록 본서를 통하여 훌륭한 호텔연회의 전문인이 탄생되기를 기대하며, 본서의 원고를 소중히 출간해준 기문사 한인환 사장님을 비롯한 직원들에게 감사의 말씀을 전하고 싶다. 그리고 과거 저자가 호텔에 근무할 때 음으로 양으로 지원과 용기를 주신 동료 및 선 · 후배에게도 본 지면을 통하여 감사의 말씀을 전하고 싶다.

2017년 8월

연구실에서 저자 씀

차례

C·o·n·t·e·n·t·s

제3부 연회 서비스

[본서의 구성]

제1부 호텔연회의 기초

- 제1장 호텔연회의 이해
- 제2장 연회행사의 종류와 상품

제2부 연회예약

- 제3장 연회예약 업무의 이해
- 제4장 회의행사의 예약 접수
- 제5장 연회관련 서식의 작성

제3부 연회서비스

- 제6장 연회장 기물 및 장비
- 제7장 연회서비스의 기초
- 제8장 패밀리 파티 및 출장연회 서비스

제4부 연회판촉

- 제9장 연회판촉의 이해
- 제10장 연회패키지 상품 및 이벤트 기획

제1부

호텔연회의 기초

제1장

호텔연회의 이해

제 1 장 호텔연회의 이해

1 연회의 개요

1.1 연회의 개념

연회(宴會)란 국내 사전적 의미로는「축하, 위로, 환영, 석별 등을 위하여 여러 사람이 모여 베푸는 잔치」로 되어 있다. 연회에 해당하는 영어인 'banquet'은 이탈리아의 고어인 'banchetto'에서 유래되었다. 'banchetto'는 'banquet' 외에 bench(벤치), bank(은행) 등의 단어를 파생시켰는데, 이들 단어의 공통점은 '사람들이 모이는 곳'이라는 뜻을 담고 있다. 웹스터 사전에서는 'banquet'을 호화로운 향연 : 특히 영예로운 사람을 위하여 혹은 참석한 많은 사람들을 위하여 정성들여 만들거나 격식을 갖춘 식사(a sumptuous feast; especially: an elaborate and often ceremonious meal for numerous people often in honor of a person)라고 규정하고 있다.

이와 같이 연회(banquet)는 어떠한 목적으로 여러 사람이 모여 식사를 즐기면서 향연을 즐기는 것이라고 정의할 수 있다.

그러나 오늘날 호텔의 연회장에서는 식사를 즐기면서 향연을 즐기는 순수 연회(banquet)목적의 행사만 개최되는 것이 아니라 각종 회의 및 세미나, 전시회, 패션쇼, 디너쇼, 컨벤션(convention) 등 다양한 기능의 행사와 각종 이벤트 등도 개최되고 있다. 이러한 측면에서 연회장에서 개최되는 모든 행사를 포괄적으로 펑션(function)이라고 한다. 따라서 호텔의 연회장(banquet room)은 다목적의 기능을 갖추고 있다는 점에서 펑션 룸(function room)이라고 부르기도 한다.

1.2 호텔 연회장의 역사

동 · 서양을 막론하고 연회는 고대부터 개최되었으며, 주로 왕실과 귀족을 중심으로 궁전에서 거행되었다. 호텔의 연회장에서 본격적으로 연회를 하기 시작한 것은 근대 호텔의 출현 이후 19세기경 호화호텔(Grand Hotel)의 시대였다. 이 무렵 유럽에서는 왕정이 바뀌고, 귀족세력이 점진적으로 붕괴되면서 사교모임이 궁전 밖으로 옮겨지게 되었는데, 새롭게 사교장으로 등장한 곳이 호텔이었다. 당시 호텔의 주요 고객은 귀족들이었는데, 이들의 욕구를 충족시키기 위하여 연회장을 비롯한 호텔시설은 외관이나 내장, 가구, 인테리어, 기물, 직원의 복장, 서비스 방법 등이 궁전의 것을 흉내냈으므로 호화로울 수밖에 없었다. 이 시대의 대표적인 호텔은 1850년 파리에 건립된 그랜드호텔(Grand Hotel)인데, 호화 호텔의 시대를 영어로 'Grand Hotel' 이라고 명명하는 것도 바로 이 그랜드호텔이 호화성의 성격을 잘 반영해주기 때문이다.

20세기 초반에는 유럽과 미국 간의 교류가 활발해지면서 상용여행객들이 급증하여 상용호텔이 보편화되면서 연회장보다는 객실 위주의 영업을 하게 되었다. 2차 세계대전 이후 세계 각국의 교류가 활발해지고, 제트 여객기의 출현에 따른 교통수단의 발전으로 인하여 세계가 하나의 지구촌화되면서 국제회의가 빈번하게 개최되었다. 특히 1963년에 건립된 뉴욕 힐튼(46층)은 2,000개의 객실에 대규모 컨벤션 시설을 갖춘 최초의 컨벤션 호텔로서 처음으로 대형 국제회의나 전람회 개최가 가능한 호텔이 되었다. 이후 호텔의 연회장은 국·내외적으로 빈번한 회합의 증대와 사회적·경제적 환경의 변화에 따라 대중화되었다.

우리나라 호텔 연회장의 효시는 1914년에 건립된 조선호텔이다. 당시의 연회장 규모는 알 수 없으나 일본 관광국이 발행한 자료집에 의하면 300여 명을 수용할 수 있는 연주회 및 무도회장이 있었다는 기록과 1915년 4월 24일 전조선(全朝鮮) 기자대회(記者大會)가 조선호텔에서 개최되었다는 사실에 비추어 회의장소로 이용된 최초의 호텔이라고 할 수 있다.

■ 1914년 조선호텔

1.3 연회장의 중요성과 파급효과

(1) 연회장의 중요성

최근 여성의 사회진출로 인한 시간부족과 핵가족화 및 아파트 문화로 인한 공간의 부족에 따라 과거 집에서 행하던 각종 모임을 호텔의 연회장에서 하고 있다. 기업의 교육, 세미나, 설명회, 단합대회 등의 행사도 호텔의 연회장을 자주 이용하고 있으며, 사회적으로도 각종 모임이 증대되고 있어 호텔의 연회장은 대중화되고 있다. 또한 세계화의 추세에 따라 크고 작은 국제행사도 증대되고 있어 호텔 연회장의 중요성은 더욱 높아가고 있다.

호텔의 연회장은 식음료부서의 한 영업장으로서 가장 넓은 평수와 대 · 중 · 소의 다양한 룸을 가지고 있는 호텔의 주요 수입원이다. 연회장의 수용규모는 작게는 10명 미만에서부터 많게는 2~3천 명의 인원을 수용할 수 있으며, 식음료를 판매하거나 연회장 자체를 대여하여 영업할 수 있다. 호텔의 영업부서는 객실과 식음료 부문으로 크게 대별되지만 최근에는 식음료 부문 중에서도 연회 부분의 매출이 호텔에 따라서 60~90%를 차지하고 있어 객실, 식음료, 연회 등 세 부분으로 구분할 만큼 그 비중이 높아지고 있다.

특히 연회장 영업은 객실이나 한정된 일반 레스토랑과 달리 예약 및 판촉여하에 따라 매출을 탄력적으로 신장시킬 수 있고, 비수기 타개를 위하여 연회장에서 디너쇼 등의 다양한 이벤트 등을 기획할 수 있다는 점에서 호텔영업에 있어서 매출 극대화를 위한 전략적 영업장이라고 할 수 있다.

(2) 연회장의 파급효과

연회장이 호텔 경영에 미치는 파급효과로는 첫째, 연회 행사는 단 한번의 행사로 많은 매출을 올릴 수 있고, 둘째, 객실 · 커피숍 · 사우나 등 타 영업장의 매출에도 영향을 주는 등 부가가치가 매우 높으며, 셋째, 연회에 참석한 많은 고객을 통하여 자사의 홍보 및 판촉효과도 기대할 수 있어 호텔 전반에 공헌도가 높다고 할 수 있다. 특히 국제회의(convention)를 유치할 경우 대량매출은 물론 세계 각국에 호텔을 홍보할 수 있는 기회를 얻을 수도 있다.

따라서 각 호텔에서는 연회고객을 유치하기 위하여 다양한 서비스의 개발과 함께 별도의 연회판촉요원을 두고, 치열한 경쟁을 벌이고 있는 실정이다.

■ 호텔에 국제회의(convention)를 유치할 경우 대량매출은 물론 세계 각국에 호텔을 홍보할 수 있는 기회도 얻을 수 있다.

2 연회영업의 특성과 조직

2.1 연회영업의 개요

연회장은 일반 레스토랑과는 달리 테이블을 비롯한 고객서비스 시설 등이 고정되어 있는 것이 아니라 텅 비어있는 공간의 상태에서 특정 행사를 위하여 그때그때마다 테이블 세팅에서부터 장식, 조명 및 음향 시설 등을 설치하고, 행사종료 후에는 다시 원위치해야 하는 특징을 가지고 있다. 연회장에서 취급하는 음식도 뷔페를 비롯하여 한 · 일 · 중 · 양식 등 그 종류가 다양할 뿐만 아니라 시간대별로도 조 · 중 · 석식 등 모두 취급이 가능하기 때문에 그에 따른 테이블 세팅 및 서비스도 달라지며, 또한 회의 및 이벤트를 위한 장소로도 꾸며진다. 따라서 연회영업을 무에서 유를 창조하는 사업이라고 할 수 있다.

그리고 연회관련 부서(연회예약, 연회 서비스, 연회판촉, 연회주방)는 물론 식음료부, 조리부, 시설부, 객실부, 지원부서 등 호텔의 전 부서가 동원되어 서로 협조하고 조화가 되어야만 성공적인 연회행사를 치를 수 있다는 점에서 호텔의 역량이 강조되는 영업장이기도 하다.

2.2 연회영업의 특성

연회는 식음료영업의 한 부분이지만 일반 레스토랑의 영업형태와는 달리 다음과 같은 다양한 특성을 가지고 있다.

(1) 대량성

호텔의 연회장은 일반 레스토랑에서는 수용할 수 없는 대량의 인원을 수용하여 대량의 식음료를 서비스한다.

(2) 동일성

호텔 연회장 참석 고객들은 사전에 예약된 동일한 메뉴에 동일한 서비스를 제공받는다.

(3) 예약성

호텔 연회장은 반드시 사전 예약을 통하여 영업이 가능하다. 즉 사전에 연회장을 확보해야 하며, 대량 인원에 따른 음식의 준비도 해야 하기 때문이다.

(4) 가변성

호텔의 연회장은 영업시간이 일정하지 않고, 다양한 행사로 인하여 연회장의 준비도 행사마다 달라지며, 메뉴의 가격도 일반 레스토랑처럼 메뉴판에 의하여 품목별로 고정된 것이 아니라 종류별, 등급별로 다양하고 고객과의 협의에 의하여 할인되기도 한다. 또한 연회장만 대여하는 영업이 가능하며, 호텔 외부에서 출장파티(outside catering)와 같은 서비스도 가능하다는 점에서 레스토랑과는 달리 가변성이 많다고 할 수 있다.

(5) 창의성

연회영업은 무에서 유를 창조하는 호텔의 종합예술이라고 할 수 있다. 즉 텅 빈 연회장을 테이블 배치 및 세팅, 데코레이션, 소품활용, 조명 등을 통하여 시각적 · 공간적인 조화를 창출해야 하는데, 연회장은 이러한 점에서 창의성이 요구된다.

(6) 비단독성

호텔의 연회장 영업은 연회담당부서 외에 시설부, 하우스키핑을 비롯한 호텔의 여러 부서와 플라워, 사진 · 비디오 또는 DVD 제작, 엔터테인먼트, 이벤트 기획사 등 외부 업자의 지원에 의해서 이루어진다.

표 1-1 레스토랑과 연회장 영업의 비교

구분	레스토랑	레스토랑
조직	레스토랑 서비스 단위 조직	예약, 판촉 서비스 등 3개의 조직으로 구분되어 있음
영업장 규모	30~100여 명 정도 수용	많게는 수천 명까지 수용 가능
메뉴 및 서비스	고객의 주문내용에 따라 달라짐	동일 메뉴, 동일 서비스
예약 여부	반드시 예약을 하지 않아도 됨	반드시 사전 예약을 해야 함

구분	레스토랑	레스토랑
영업시간	일정함	정해진 영업시간이 없음
홀 대여	영업 불가능	가능
영업범위	레스토랑 내에서만 가능	출장파티 등 외부영업이 가능함
테이블 배치 및 세팅	고정적	가변적
운영방법	단위 레스토랑별 독자운영	연회관련 부서 및 호텔 내 타 부서 와 외부에서 지원받아 운영

2.3 연회부서의 조직

(1) 연회부서 조직의 구성

연회부서는 대부분 식음료부에 속해 있으며, 연회를 담당하는 부서를 케이터링부(catering department)라고 한다. 'catering'과 'banquet'은 호텔에서는 구분 없이 혼용하여 사용하고 있는데, 'catering'이 'banquet'보다는 더 포괄적인 개념이라고 할 수 있다. 케이터링부를 더욱 세분화하면 연회예약(banquet reservation), 연회판촉(banquet sales), 연회 서비스(banquet service)로 구분하며, 호텔에 따라서는 연회판촉은 판촉부에 소속되기도 한다.

연회예약은 호텔 내에서 전화문의 및 직접 내방고객에게 상담하거나 예약을 접수하는 곳이며, 예약을 받은 후 그 내용을 연회행사지시서(BEO; Banquet Event Order)로 만들어 연회 서비스에 넘겨주는 역할을 한다. 연회 서비스는 연회예약으로부터 받은 연회행사지시서에 의하여 행사를 준비하고 당일 고객에게 식음료 등의 서비스를 담당한다. 그리고 연회판촉은 호텔 외부로 나가서 세일즈를 통하여 연회를 유치하여 그 내용을 연회예약에 전달하는 역할을 한다.

연회예약, 연회판촉, 연회 서비스 3자는 항상 밀접한 협력체계를 구축하여 고객의 다양한 요구 및 주문사항이 착오가 없도록 해야 하며, 궁극적으로는 고객의 연회행사가 성공적으로 마무리될 수 있도록 최선을 다해야 한다.

(2) 연회부서장의 직무

연회부서장은 연회예약, 연회 서비스, 연회판촉 등 연회부서를 총괄하는 책임자로서 다음과 같은 능력과 리더십이 요구된다.

그림 1-1 **연회부서의 조직도**

●Type 1　**연회판촉이 식음료부에 속하는 경우**

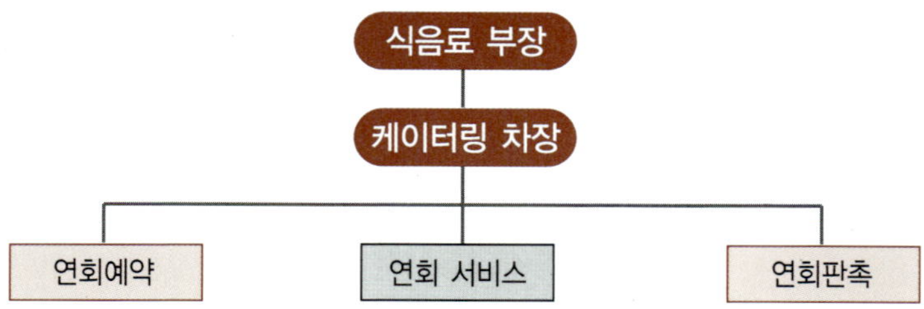

●Type 2　**연회판촉이 판촉부에 속하는 경우**

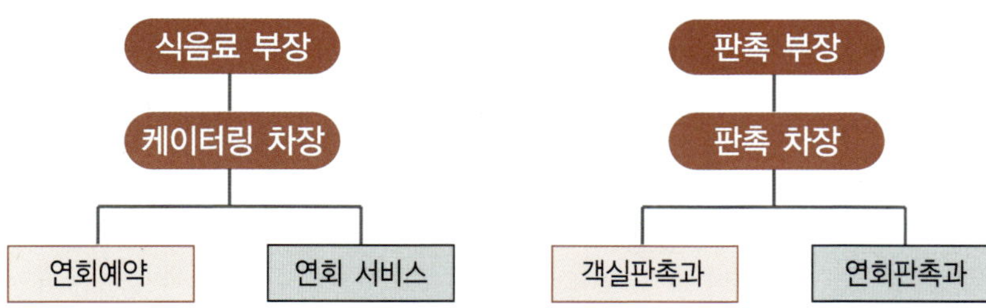

■ 연회부서장의 능력

- 음식과 음료에 대한 지식과 서비스는 물론 식음료 경영에 관한 능력도 습득하고 있어야 한다.
- 연회장을 비롯한 관련 상품을 판매할 수 있는 능력을 지녀야 한다.
- 이윤을 창출할 수 있는 능력을 지녀야 한다.
- 부하직원 개인별 및 부서 전체에 대한 판매관리와 예산을 수립할 수 있는 능력을 지녀야 한다.

■ 연회부서장의 리더십

- 연회예약, 연회판촉, 연회 서비스 각 팀을 리더하고 조화를 이루도록 한다.
- 팀별 부서의 운영 목표, 방침 등을 제시하고 통제해야 한다.
- 연회부서 직원들을 교육 · 훈련시킨다.
- 연회부서의 서비스 표준(standard)을 수립하여 이행하도록 감독한다.
- 연회부서의 조직이 적정규모로 운영되도록 노력한다.

2.4 연회영업의 절차

연회영업은 연회예약과 연회판촉 담당이 예약을 접수하거나 계약을 하고, 그 내용을 연회 서비스 지배인에게 전달하여 행사당일 고객에게 서비스함으로써 이루어지는데, 그 흐름은 다음과 같다.

그림 1-2 **연회영업의 흐름도**

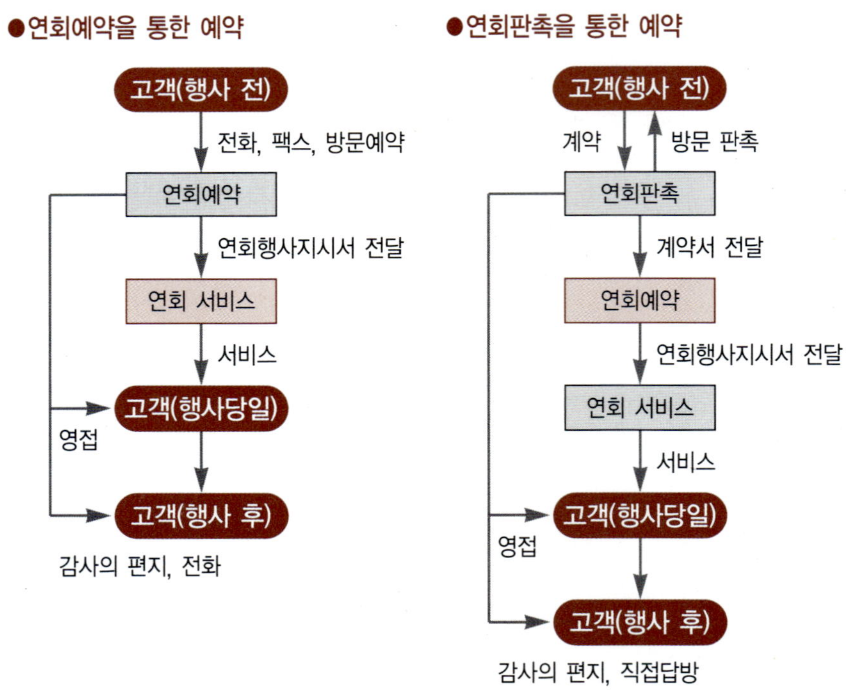

3 연회장의 규격과 수용력

3.1 연회장 규격과 수용력의 개요

연회장의 규격과 수용력(capacity)은 행사의 성격이나 테이블의 배치에 따라 수용할 수 있는 인원의 범위를 설명해 준다. 연회장의 종류는 일반적으로 대연회장(ballroom)을 비롯하여 중 · 소규모의 연회장으로 나누어지며, 대형 호텔 대연회장의 경우 파티션을 활용하여 A · B · C(또는 Ⅰ · Ⅱ · Ⅲ) 등 3개로 나눌 수 있다. 연회장의 규격은 길이(width) · 폭(depth) · 높이(height)의 길이, 평수 또는 ㎥ 등으로 표기하며, 수용력(capacity)은 연회행사의 성격에 따른 테이블 배치(table arrangement)에 따라 결정되는데, 일반적으로 ❶ 연회 스타일(banquet style) ❷ 세미나 스타일(seminar style) ❸ 극장식 스타일(theater style) ❹ 칵테일 리셉션 스타일(cocktail reception style) 등으로 구분된다.

연회 스타일(banquet style)은 라운드형 테이블을 놓고 식사를 할 수 있는 수용범위를 말한다. 세미나 스타일(seminar style)은 강의실 스타일(classroom style/school style)이라고도 하며, 세미나 테이블과 의자를 놓고 회의를 할 수 있는 수용범위를 말한다. 극장식 스타일(theater style)은 극장처럼 의자만 놓았을 때의 수용범위이며, 리셉션 스타일(reception style)은 스탠딩으로 칵테일 리셉션 등의 파티를 할 수 있는 수용범위를 말한다.

3.2 연회장 규격과 수용력의 실제

연회장 종류에 따른 규격과 수용력은 호텔마다 다른데, 대부분의 호텔에서는 도면과 표로서 보여주고 있다.

(1) 대연회장 도면과 규격 및 수용력

대연회장의 도면과 규격 및 수용력의 표를 서울 H호텔의 실례로 살펴보면 다음과 같다.

그림 1-3 서울 H호텔의 대연회장 도면

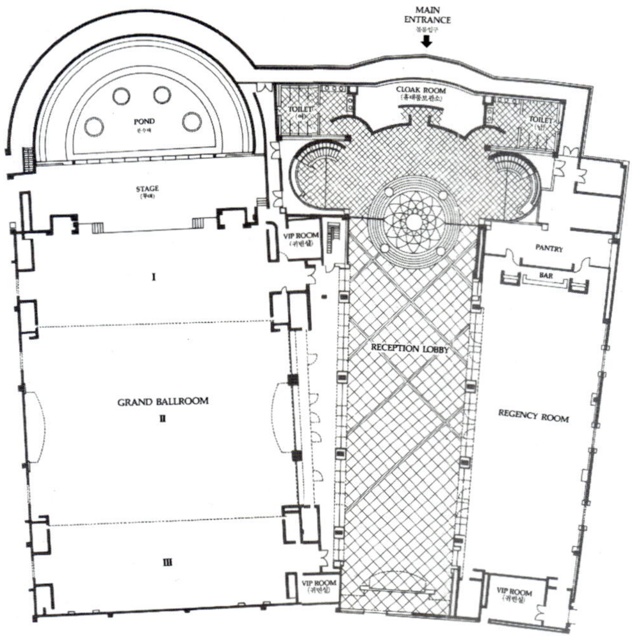

표 1-2 서울 H호텔의 대연회장 규격 및 수용력

구분	규격				수용인원		
	면적 평	폭 depth	길이 width	높이 height	연회 banquet	리셉션 reception	세미나 seminar
Ballroom (Ⅰ+Ⅱ+Ⅲ)	449	30m	43.5m	6m	1,300	2,000	1,500
Ballroom Ⅰ	140	30m	10.5m	6m	250	350	300
Ballroom Ⅱ	218	30m	22.5m	6m	450	600	500
Ballroom Ⅲ	91	30m	10.5m	6m	250	350	280

(2) 중 · 소연회장 도면과 규격 및 수용력

중 · 소연회장의 도면과 규격 및 수용력의 표를 서울 H호텔의 실례로 살펴보면 다음과 같다.

그림 1-4 서울 H호텔의 중 · 소연회장 도면

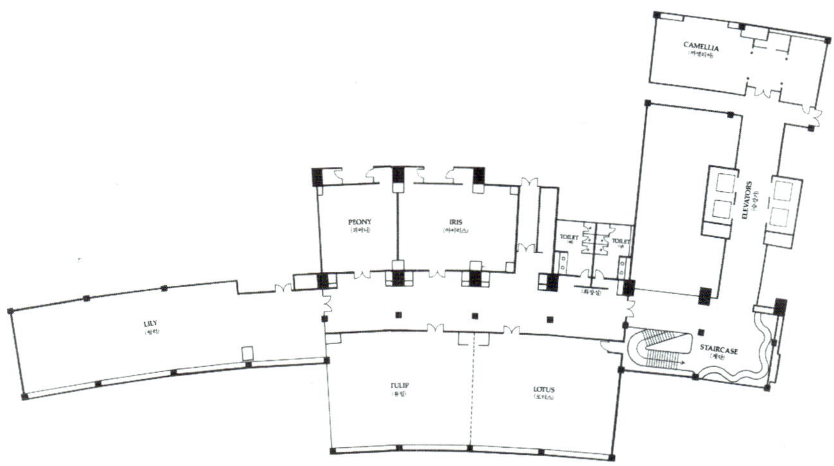

표 1-3 서울 H호텔의 중 · 소연회장 규격

구분	규격				수용인원		
	면적 평	폭 depth	길이 width	높이 height	연회 banquet	칵테일 cocktail	세미나 seminar
로터스	53	15m	11.7m	3.3m	100	150	150
튜립	53	15m	11.7m	3.3m	100	150	150
로터스+튜립	106	30m	11.7m	3.3m	220	350	350
릴리	150	31.7m	9m	3m	150	200	200
까멜리아	30	17.5m	6m	2.5m	30	40	40
아이리스	50	12m	9m	3m	50	60	60
피어니	30	9m	9m	3m	30	40	40

그림 1-5 서울 H호텔 대연회장의 table layout

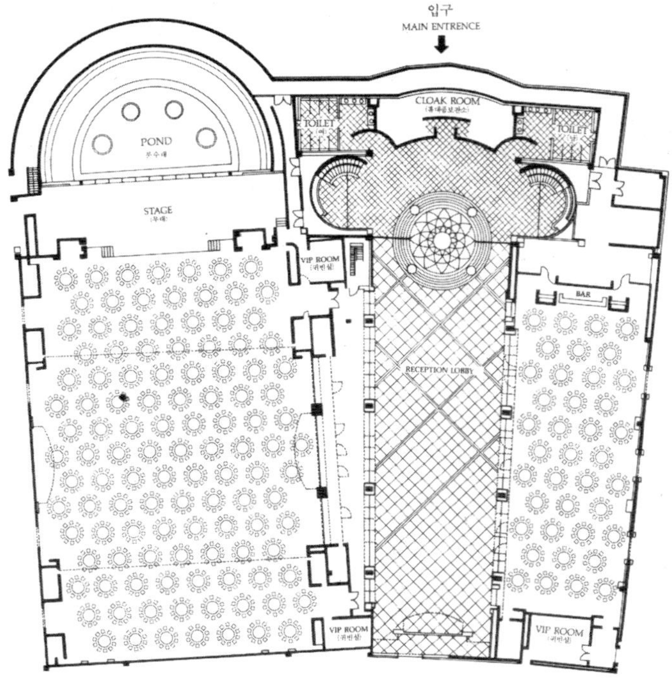

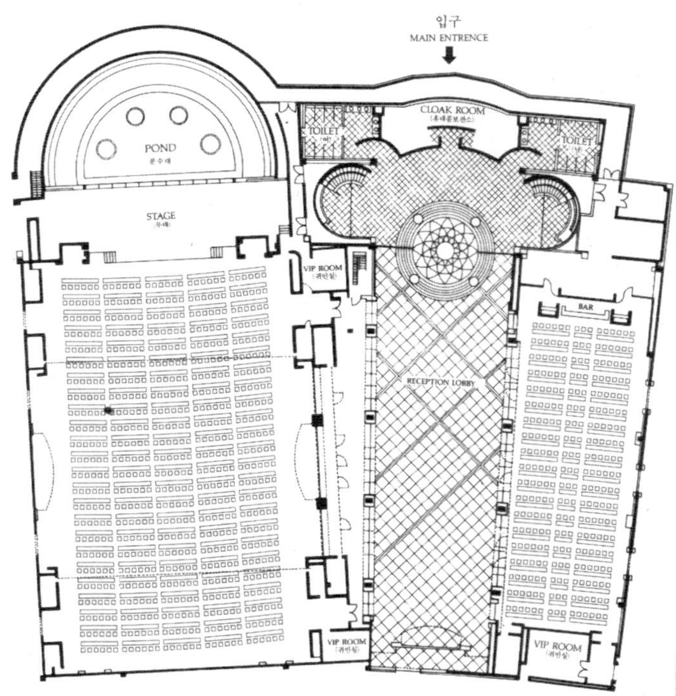

제2장

연회의 종류와 상품

제2장 연회의 종류와 상품

1 연회의 종류

- 연회
  - 파티형
    - 가족형 파티 : 결혼식, 약혼식, 장수연(회갑, 고희연 등), 돌잔치, 생일 및 결혼기념일 등
    - 단체 및 기업형 파티 : 동문회, 친목회, 사은회, 창립기념일, 신년회, 송년회, 단합대회, 초청행사, 인센티브 행사 등
    - 출장파티(outside catering)
    - 테마파티(theme party)
    - 가든파티(garden party)
  - 회의 및 전시형
    - 회의 : 세미나, 컨벤션 등
    - 전시 : 전시회, 무역박람회
  - 스포츠 이벤트형
    - 외부 이벤트 : 패션쇼, 콘서트, 디너쇼, 콘테스트, 시상식, 복싱 등
    - 호텔 자체 이벤트 : 어린이날, 어버이날, 크리스마스, 송년의 밤 등, 디너쇼단체
  - 식사형
    - 여행사 단체 등

1.1 파티형

(1) 가족형 파티

가족형 파티(family party)는 가족 중에 특정 의식이나 축하의 자리가 필요한 경우 식사와 더불어 개최되는 파티로 결혼식, 약혼식, 돌잔치, 장수연(회갑, 고희연 등), 생일 및 결혼기념일 등이 있다.

결혼식 남녀가 부부로서 결혼의 예를 올리는 의식으로 예식(禮式), 혼례식이라고도 한다. 우리나라의 전통혼례식은 시대적 상황에 따라 점차 퇴색되고, 오늘날의 결혼식은 서양풍의 결혼문화가 주류를 이루면서 호텔과 일반 예식장 등에서 거행되고 있다. 일반 예식장은 식장의 대여 판매가 주목적이나 호텔의 연회장은 대여보다는 식사 판매를 전제한다는 점에서 차이가 있다.

약혼식 혼인을 약속하는 의식이다. 양가 가족 및 친지 위주로 초청하여 의식을 가진 다음 함께 식사를 하는 것이 관례이다. 대부분 약혼식은 주로 호텔에서 거행되고 있으며, 식사 형태는 경건하고, 우아해야 할 자리이므로 주로 양식 세트 메뉴를 선호하고 있다.

돌잔치 아기가 출생하여 처음 맞는 생일을 말한다. 돌이란 말은 주(周)·회(回) 등과 같은 뜻으로 1년의 기간을 단위로 반복되는 경우에 사용한다. 옛날에는 질병이 많고 유아의 사망률도 높았기 때문에 아기가 돌을 맞는다는 것은 성장의 초기과정에서 한 고비를 넘겼다는 의미를 지니며, 이를 축하하는 것이 관습으로 이어져 왔다. 과거에는 집에서 잔치를 하였지만 준비에 대한 시간과 공간의 부족으로 인하여 장수연과 마찬가지로 호텔과 같은 연회장에서 거행하기도 한다.

장수연 부모님의 장수를 축하하는 의미에서 자녀들이 준비하는데, 많은 하객을 초청하여 음식과 함께 잔치를 베푸는 자리이다. 과거에는 집 마당에서 잔치를 하였지만 오늘날에는 잔치준비에 대한 시간과 공간의 부족으로 인하여 호텔과 같은 연회장에서 거행하고 있다. 장수연은 일반적으로 회갑(60회 생일)부터 시작된다. 장수연(長壽宴)의 종류는 다음 표와 같다.

표 2-1 장수연의 종류

종류	의 미
회갑(回甲)	출생연도의 간지(干支)가 한 바퀴 도는 데는 60년이 걸리는데 그것을 회갑(回甲) 또는 환갑(還甲)이라고 함. 우리나라 나이로는 61세에 해당함.
진갑(進甲)	진갑은 환갑이 된 해에서 1년을 더한 것으로 우리나라 나이로는 62세에 해당함.
고희(古稀)	70회 생일. 우리나라 나이로는 71세에 해당함. 고희는 두보의 人生七十古來稀라는 시구에서 유래되었음.
희수(喜壽)	77회 생일. 우리나라 나이로는 78세에 해당함. 喜의 초서체는 㐂 인데 즉 七十七을 의미하는데서 유래되었음.
산수(傘壽)	80회 생일. 우리나라 나이로는 81세에 해당함. 傘의 약자는 仐 인데 즉 八十을 의미하는데서 유래되었음. 80회 생일을 팔순(八旬)이라고도 함.
미수(米壽)	88회 생일. 米자를 풀면 八이 두개, 十 이 한 개이므로 八十八을 의미하는데서 유래되었음.
졸수(卒壽)	90회 생일. 卒의 약자는 구(九)+십(十)인데 즉 九十을 의미하는데서 유래되었음. 90회 생일을 구순(九旬)이라고도 함.
백수(白壽)	99회 생일. 백(百)에서 일(一)을 빼면 한자가 백(白)이 된다는 의미에서 유래되었음

결혼기념일 결혼한 날을 기념하여 부부 두 사람이 모두 건재하다는 것을 축하하는 날이다. 서양에서는 결혼기념일의 상징을 정해 놓고 축하하는 풍습이 있는데, 우리나라도 이와 같은 풍습에 의하여 해마다 결혼기념일을 축하하는 가정이 늘고 있다. 서양의 결혼기념일은 〈표 2-2〉처럼 주년마다 고유의 명칭이 있으며, 그 주년에 해당하는 재료로 선물을 하는 관습이 있다. 일반 결혼기념일은 대개 부부와 가족 위주로 축하의 자리를 마련하지만 은혼식과 금혼식은 호텔의 연회장에서 하객을 초대하여 파티를 여는 경우가 많다.

표 2-2 결혼기념일 명칭 및 선물

주년	한국식 명칭	서양식 명칭	서양식 명칭
1	지혼식(紙婚式)	paper wedding	카드 등 종이 제품류
2	면혼식綿婚式, 고혼식(藁婚式)	cotton wedding	면제품
3	혁혼식(革婚式)	leather wedding	가죽제품류
4	화혼식(花婚式), 서적혼식(書籍婚式)	floral wedding	꽃, 서적류
5	목혼식(木婚式)	wooden wedding	목제품
6	철혼식(鐵婚式)	iron wedding	철제품
7	동혼식(銅婚式)	copper wedding	동제품
8	청동혼식(靑銅婚式)	bronze wedding	청동제품
9	도혼식(陶婚式)	pottery wedding	도기류
10	석혼식(錫婚式)	tin wedding	주석, 알루미늄제품
11	강철혼식(鋼鐵婚式)	steel wedding	강철제품
12	견혼식(絹婚式), 마혼식(摩婚式)	silk wedding	견, 마제품
13	레이스혼식	lace wedding	레이스류
14	상아혼식(象牙婚式)	ivory wedding	상아류
15	수정혼식(水晶婚式)	crystal wedding	수정
20	자기혼식(磁器婚式)	china wedding	도자기
25	은혼식(銀婚式)	silver wedding	은제품
30	진주혼식(珍珠婚式)	pearl wedding	진주 보석
35	산호혼식(珊瑚婚式)	coral wedding	산호 보석
40	홍옥혼식(紅玉婚式)	ruby wedding	루비 보석
45	청옥혼식(靑玉婚式)	sapphire wedding	사파이어 보석
50	금혼식(金婚式)	golden wedding	금제품
55	녹주옥혼식(綠珠玉婚式)	emerald wedding	에머랄드 보석
60 65 75	금강석혼식(金剛石婚式)	diamond wedding	다이아몬드 보석

(2) 단체 및 기업형 파티

단체 및 기업형 파티로는 동문회, 친목회, 사은회, 창립기념일, 신년회, 송년회, 단합대회, 초청행사, 인센티브(incentive) 등의 파티가 있다. 인센티브 파티(incentive party)란 기업에서 주어진 목적이나 목표달성을 한 직원(특히 판매원), 거래상(대리점업자), 거액 구매 고객들에게 동기유발을 시키거나, 보상을 하는 차원에서 실시하는 파티를 말한다.

(3) 출장파티(outside catering)

호텔을 떠나 주최 측이 원하는 장소에서 식음료를 제공하는 연회행사이다. 주로 기업체의 사옥 기공 및 준공식, 일반 가정의 가족모임, 야외에서의 야유회나 특별 행사 등에서 출장파티를 요구하는 경우가 많다.

(4) 테마파티(theme party)

일정한 주제를 정하여 그 주제에 맞는 음식, 복장, 데코레이션 등을 하고 개최되는 파티이다. 할로윈(Halloween) 파티 등을 예로 들 수 있으며, 사교모임이나 기업체의 인센티브 파티에서도 테마파티 형식으로 연회를 즐기는 경우도 있다. 테마는 대부분 세계 각국의 전통 민속을 소재로 하거나 현대적 개념에서 공상과학, 전쟁, 영화 등을 소재로 하기도 한다.

(5) 가든파티(garden party)

호텔의 가든을 이용하여 바비큐 등 스탠딩 뷔페 형식으로 진행되는 파티이다.

■각종 테마파티의 모습

1.2 회의 및 전시형

(1) 회의 및 전시형 행사의 종류

연회장에서 회의형 행사는 규모가 작은 미팅이나 세미나에서부터 대형 컨벤션까지 있는데, 연회장을 대여판매하거나 또는 회의를 전후로 식음료를 판매할 수 있는 행사이다. 전시형은 연회장을 대여하여 각종 전시회를 개최하는 것을 말한다. 회의 및 전시형 행사의 종류는 다음 〈표 2-3〉과 같다.

표 2-3 회의 및 전시형 행사의 종류

종류	내 용
미팅(Meeting)	모든 종류의 회의를 총칭하는 가장 포괄적인 용어이다.
컨벤션 (Convention)	회의 분야에서 가장 일반적으로 쓰이는 용어로, 정보전달을 주목적으로 하는 정기집회에 많이 사용되며, 전시회를 수반하는 경우가 많다. 각 기구나 단체에서 개최하는 연차총회(annual meeting)의 의미로 쓰였으나, 요즘에는 총회, 휴회 기간 중 개최되는 각종 소규모 회의, 위원회 회의 등을 포괄적으로 의미하는 용어로 사용한다.
컨퍼런스 (Conference)	컨벤션과 거의 같은 의미를 가진 용어로, 통상적으로 컨벤션에 비해 회의 진행상 토론회가 많이 열리고 회의 참가자들에게 토론 참여기회도 많이 주어진다. 또한, 컨벤션은 다수의 주제를 다루는 업계의 정기 회의에 자주 사용되는 반면, 컨퍼런스는 주로 과학, 기술, 학문 분야의 새로운 지식 습득 및 특정 문제점 연구를 위한 회의에 사용한다.
컨그레스 (Congress)	컨벤션과 같은 의미를 가진 용어로, 유럽지역에서 빈번히 사용하며, 주로 국제규모의 회의를 의미하나, 컨벤션이나 컨그레스는 본 회의와 사교행사 그리고 관광행사 등의 다양한 프로그램으로 편성되며, 참가인원은 보통 수 천 명에 이르기도 한다.
포럼(Forum)	제시된 한 가지의 주제에 대해 상반된 견해를 가진 동일 분야의 전문가들이 사회자의 주도하에 청중 앞에서 벌이는 공개 토론회로, 청중이 자유롭게 질의에 참여할 수 있으며, 사회자가 의견을 종합한다.
심포지움 (Symposium)	제시된 안건에 대해 전문가들이 다수의 청중 앞에서 벌이는 공개토론회로, 포럼에 비해 다소의 형식을 갖추며, 청중의 질의 기회는 적게 주어진다.
패널 디스커션 (Panel Discussion)	청중이 모인 가운데 2~8명의 연사가 사회자의 주도하에 서로 다른 분야에서의 전문가적 견해를 발표하는 공개 토론회로, 청중도 자신의 의견을 발표할 수 있다. 워크숍(Workshop), 컨퍼런스, 컨벤션 또는 기타 회의의 한 부분으로 개최되는 짧은 교육프로그램으로, 30~35명 정도의 인원이 특정문제나 과제에 관한 새로운 지식, 기술, 아이디어 등을 서로 교환한다.
세미나(Seminar)	주로 교육목적을 띤 회의로, 30명 이하의 참가자가 참가자 1인의 주도하에 특정분야에 대한 각자의 지식이나 경험을 발표, 토의한다.

종류	내 용
원격회의 (Teleconference)	회의 참석자가 회의장소로 이동하지 않고 국가 간 또는 대륙 간 통신시설을 이용하여 회의를 개최한다. 회의 경비를 절약하고 준비없이도 회의를 개최할수 있다는 장점이 있으며, 오늘날에는 각종 audio, video, graphics 및 컴퓨터 장비, 멀티미디어를 갖춘 고도의 통신기술을 활용하여 회의를 개최할 수 있으므로 그 발전이 주목되고 있다.
총회(Assembly)	한 기구의 회원국들의 대표가 모여 의사, 정책 등을 결정하고 위원회의 선출과 예산협의의 목적으로 모이는 공식적인 회의이다.
클리닉(Clinic)	소그룹을 위해 특별한 기술을 훈련하고 교육하는 모임이다.
전시회 (Exhibition)	전시회는 벤더(Vender : 판매자)에 의해 제공된 상품과 서비스의 전시모임을 말한다. 무역, 산업, 교육분야 또는 상품 및 서비스 판매업자들의 대규모 전시회는 회의를 수반하는 경우도 있으며, 이와는 반대로 전시회가 컨벤션이나 컨퍼런스의 한 부분으로 열리는 경우도 많다. 회의 기간 내내 또는 회의기간 중 며칠 동안 개최할 수 있다. 회의 행사의 일부로 진행되는 칵테일 파티나 연회 행사에서 물품을 전시하는 소규모 형태로 이루어지기도 하고 회의가 열리는 호텔의 볼룸 전시장 또는 인근 전시장에서 대규모로 개최하기도 한다. Exposition은 주로 유럽에서 전시회를 말할 때 사용하는 용어이다.
무역박람회 (Trade Show 또는 Trade Fair)	무역박람회(교역전)는 부스를 이용하여 여러 판매자가 자사의 상품을 전시하는 형태의 행사를 말한다. 전시회와 매우 유사하나 다른 점은 컨벤션의 일부가 아닌 독립된 행사로 열린다는 것이다. 여러날 지속되는 대형 박람회에는 참가자 수가 최고 50만 명을 넘는 경우도 있다.

(2) 국제회의장 시설

국제회의장 시설은 전문회의시설과 준회의시설로 구분하는데, 호텔 연회장은 준회의장 시설로 200명 이상의 인원을 수용할 수 있는 대회의실이 있어야 하고, 30명 이상의 인원을 수용할 수 있는 중소회의실이 3실 이상이 있어야 하며, 5개 국어 이상의 동시통역시설을 갖추고 있어야 한다.

1.3 이벤트 및 단체 식사형

(1) 이벤트형

이벤트 행사로는 외부와 호텔 자체의 이벤트 행사로 나누어지는데, 외부 이벤트 행사로는 패션쇼, 콘서트, 디너쇼, 콘테스트, 시상식 등이 있으며, 호텔 자체 이벤트 행사로는 매년 특정한 날 개최하여 홍보와 식음료 매출증진을 도모하고자 어린이날, 어버이날, 크리스마스, 송년의 밤 등의 이벤트를 개최하고 있다. 그리고 디너쇼도 호텔이 영업 전략상 필요한 경우 자체적으로 개최하기도 한다.

(2) 단체 식사형

특별한 연회의 목적은 없지만 대량인원으로 인하여 호텔 내의 식당을 이용할 수 없을 경우 연회장에서 식사를 하게 된다. 예를 들면 객실에 투숙하는 여행사 단체관광객의 경우 특별한 연회목적이 없지만 대량인원으로 인하여 호텔 내 식당을 이용할 수 없으므로 연회장에서 식사를 하게 된다.

2 연회상품의 종류

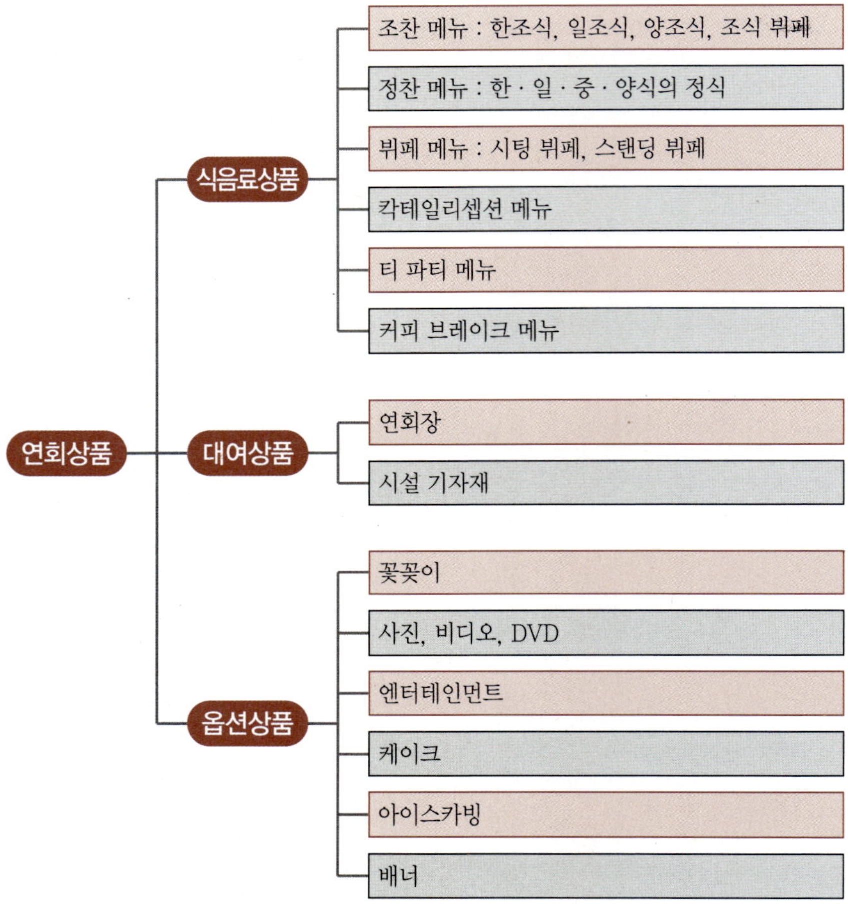

2.1 식음료상품

연회장에서는 호텔 내 식음료 업장에서 취급하는 대부분의 메뉴를 판매할 수 있으나 주방시스템 및 요원, 채산성 등을 고려하여 별도의 메뉴를 준비하고 있다. 연회장 메뉴는 고객의 선택이 용이하도록 음식종류별로 등급화되어 있고, 대량인원에게 동일한 메뉴를 제공해야 하므로 세트화하여 판매하고 있다.

물론 일품요리도 취급한다. 그리고 연회메뉴는 신축성이 강하여 고객과의 상담을 통하여 별도의 메뉴를 구성할 수도 있다. 음료의 경우도 호텔의 판매음료를 모두 취급하고 있으므로 예약 시 이를 협의해야 한다.

(1) 조찬 메뉴

연회장은 한조식, 일조식, 양조식, 조식 뷔페 등 모든 조식의 메뉴를 판매하고 있다. 물론 상설이 아니고 주문에 의하여 제공되며, 특히 조식 뷔페의 경우 50명 이상이 되어야 운영할 수 있다.

(2) 정찬 메뉴

중 · 석식에 제공되는 메뉴로 한 · 일 · 중 · 양식의 정식이 등급별로 세트화되어 있다.

(3) 뷔페 메뉴

뷔페메뉴도 등급별로 구성되어 있으며, 앉아서 먹는 시팅 뷔페(seating buffet)와 서서 먹는 스탠딩 뷔페(standing buffet)로 구분한다. 스탠딩 뷔페는 서 있는 자세에서 자유롭게 이동하면서 식사를 하므로 수프(soup) 요리가 없으며, 대부분 한 입에 먹을 수 있도록 커트되어 있으므로 나이프(knife)가 제공되지 않는다.

(4) 칵테일리셉션(cocktail reception) 메뉴

스탠딩 뷔페 형식의 메뉴이나 비교적 가벼운 편이다. 만찬에 들어가기 전의 칵테일리셉션(pre-dinner cocktail reception) 메뉴는 칵테일 등의 술안주용으로 오드볼(hors d' oeuvre), 카나페(canape), 야채스틱(vegetable relish), 스낵(snack), 과일 등이 제공된다.

■ 카나페

■ pre-dinner cocktail reception

(5) 티 파티(tea party) 메뉴

식사 전후 시간에 간단하게 쿠키, 과일, 카나페(canape), 커피, 티, 음료수 등으로 구성된 메뉴이다.

(6) 커피 브레이크(coffee break) 메뉴

각종 회의를 진행하는 동안 쉬는 시간을 이용하여 커피, 티, 음료수 등이 제공되는 메뉴로 다과류를 곁들이는 경우도 있다.

2.2 대여상품 및 옵션상품

(1) 연회장 대여

연회장의 규모와 사용시간에 따라 요금이 달라지고, 식사 여부에 따라서 무료와 일부 유료를 적용하는 경우도 있다. 이와 같은 연회장 대여는 주로 전시회 및 패션 쇼 등 이벤트 행사에서 많이 요구되고 있다.

(2) 시설기자재 대여

마이크 등과 같은 기본적인 시설기자재는 무료로 제공되지만 동시통역시설 등 고가의 장비에 대해서는 대여료를 받는다.

(3) 옵션(option)상품

연회장에서는 고객과 옵션을 통하여 부수적인 상품을 판매할 수 있는데, 그 종류로는 꽃, 사진 · 비디오 · DVD 촬영, 엔터테이너(entertainer), 케이크(cake), 아이스 카빙(ice carving), 배너(banner) 등이 있다.

제2부

연회예약

제3장

연회예약 업무의 이해

제3장

연회예약 업무의 이해

1 연회예약의 개요

1.1 연회예약실 업무의 기본

(1) 연회예약실 근무의 기본자세

연회예약실(banquet reservation office)은 내방고객, 인터넷, Fax 및 전화 등을 통하여 상담하거나 예약을 담당하는 곳이다. 연회예약을 접수할 때는 SS정신 즉 서비스(service)와 세일즈(sales) 정신을 최대한 발휘하여 한 건의 전화문의나 내방고객을 놓쳐서는 안 된다. 연회예약실 직원은 고객에게 원활한 예약서비스를 제공하기 위해서 연회장에서 판매하고 있는 각종 식음료 상품의 종류와 가격, 각 연회장의 수용력과 테이블 배치도(table layout) 그리고 각종 기자재 보유 및 시설현황 등에 대하여 사전에 충분한 지식을 습득하고 있어야 한다. 따라서 연회예약실 직원은 고객의 문의 시 자신 있게 답을 할 수 있어야 할 뿐만 아니라 고도의 협상(negotiation) 기술이 요구된다.

(2) 전화받는 자세

전화응대 서비스의 중요성 연회예약에 대한 첫 문의는 전화로 하는 경우가 많다. 즉 먼저 전화로 문의를 한 다음 직접 방문하여 사용할 연회장을 둘러 보고 구체적인 협의가 이루어지는 경우가 많다. 따라서 전화응대는 첫 서비스접점으로써 연회행사가 자사의 호텔로 유치되느냐 타 호텔로 유출되느냐를 결정짓는 중요한 요소라고 할 수 있다.

특히 전화는 통화자의 음성 하나로 자신의 예절 수준을 가늠할 수 있다. 보통의 대화는 의사전달의 부족한 점을 표정이 보충을 해 주지만, 전화는 목소리의 표현이 유일한 전달 수단이므로 비록 상대방이 보이지는 않지만 눈앞에 있다는 생각으로 밝은 미소와 명랑한 음성, 항상 정중하고 정성을 다하는 적극적인 자세가 상대방에게 전달되도록 해야 한다.

전화응대의 원칙 전화응대를 잘하기 위해서는 억양 조절, 음량 조절, 속도 조절을 적절하게 해야 하며, 전화를 받기 전에는 예약장부 및 슬립, 필기구 및 메모지 등을 항상 곁에 두고 메모하는 습관을 길러야 한다. 수화기를 들면 간단한 인사말과 함께 부서명(또는 담당업무), 직책명, 이름을 말하고 "무엇을 도와드릴까요?"하고 묻는다. 그리고 말은 분명하고 정중하게 해야 하며, 반드시 표준말을 써야 한다.

■전화응대는 첫 서비스접점이다.

(3) 방문고객의 안내

연회예약 고객은 대부분 자신이 주최하는 행사가 개최될 연회장을 사전에 둘러보고 최종 예약을 하고자 한다. 이때는 적절한 안내를 해야 하는데, 출발하기 전에 연회 서비스에 연락을 하여 해당 연회장의 문을 오픈시키고, 불을 밝히도록 한다. 혹시 주변의 연회장도 같이 보기를 희망하는 경우가 많으므로 연회장의 키를 관리하는 연회 서비스 직원이 대기하는 것도 필요하다.

1.2 연회예약실의 직무

(1) 연회예약 지배인(banquet reservation manager)

- 연회예약실을 총괄 운영한다.
- 연회예약의 코디네이터와 클럭을 교육 · 훈련하고, 통제한다.
- 주 · 월 · 연간 단위로 연회행사 계획을 체크한다.
- 연회행사지시서의 발행을 체크한다.
- 필요한 경우 관련 부서와 업무협조를 위한 회의를 개최한다.
- 연회 서비스는 물론 관련 부서와의 협조를 통하여 연회상품을 개발한다.

(2) 연회예약 코디네이터(banquet reservation coordinator)

- 고객의 연회예약에 대하여 상담하거나 예약을 받는다.
- 방문고객이 연회장 보기를 원하면 안내를 한다.
- 연회행사지시서를 발행한다.
- 연회 서비스의 준비상황과 관련 부서의 업무협조를 체크한다.
- 플라워, 배너, 사진 · 비디오 또는 DVD 제작, 엔터테인먼트, 이벤트 등에 대하여 고객의 요구사항이 있을 경우 외부 업자에게 연락하고, 체크한다.

(3) 연회예약 클럭(banquet reservation clerk)

- 고객의 연회예약에 대하여 상담하거나 예약을 받는다.
- 연회행사지시서를 발행한다.
- 연회행사지시서를 복사하여 관련 부서에 배부한다.
- 연회예약 장부를 정리한다.
- 월간 연회행사 예정표(monthly banquet forecast)를 정리하고, 일정 주기로 업 데이트(up date)하여 G.M을 비롯한 관련부서에 배부한다.
- 각종 서식을 체크하고, 불출한다.
- 행사가 끝난 고객의 자료를 파일(file)화한다.

2 일반 연회예약의 상담

2.1 연회예약의 절차

고객이 연회에 대하여 문의하거나 예약하고자 할 때는 일정한 절차에 의하여 하나씩 협의해 나가야 하는데, 그 절차 및 내용은 다음 표와 같다.

표 3-1 연회예약의 절차

절차	내 용
1. 날짜 및 시간 상담	예약장부를 열람하여 날짜와 시간이 가능한지 여부
2. 펑션 룸(function room)	배정 행사규모에 따른 적절한 펑션 룸의 배정
3. 식수 인원의 협의	• 지불보증(guarantee)과 예상(expect) 인원의 적용 • 뷔페와 칵테일리셉션의 최저인원 등
4. 음료(beverage) 협의	테이블(table) 서비스, 바(bar) 서비스, 콜케이지 요금(corkage charge) 등

절차	내 용
5. 배너와 사인보드 협의	유료 및 무료 여부 등
6. 기타 옵션 협의	꽃장식과 데코레이션, 아이스카빙, 사진 및 비디오 · DVD 제작, 케이크, 엔터테인먼트 등

2.2 연회예약 상담의 실제

(1) 날짜

고객이 원하는 날짜를 제시하면 예약장부를 열람하여 연회장의 사용 여부를 체크한다. 만약 그 날짜에 고객이 원하는 규모의 연회장이 선 예약이 되어 있다면 그 예약이 확정적 예약(definite reservation)인지 잠정적 예약(tentative reservation)인지를 파악한다. 잠정적 예약이라면 그 예약단체에게 연락을 취해 빠른 결정을 요구하고 예약금(deposit)으로 구체화시켜 놓는다. 그러나 잠정적 예약이 확정적 예약으로 확인되면 연회장 사용이 불가능하므로 문의고객에게 다른 날짜를 유도해 본다.

(2) 시간

연회예약에 있어서 시간 조정은 연회장의 효율적인 운영을 위해 중요한 요소이다. 연회장의 사용시간대는 크게 조 · 중 · 석식의 시간대로 나누어지는데 적절하게 운영하면 매출의 극대화를 기할 수 있다. 예를 들어 식사예약을 받을 때 중식시간대는 12:00~16:00으로 한정하고 석식은 18:00 이후로 예약을 받음으로써 연회장 가동을 2회전할 수 있으며, 또한 중식 후 석식을 준비할 수 있는 시간적 여유도 가질 수 있다.

(3) 펑션 룸(function room) 배정

날짜와 시간이 확인되면 펑션 룸을 배정해야 하는데, 호텔은 대 · 중 · 소규모의 연회장을 다수 가지고 있으므로 적절한 펑션 룸의 배정도 연회장의 효율적인 운영과 매출의 극대화를 기할 수 있다. 따라서 펑션 룸을 배정할 때는 행사의 규모나 성격을 고려하여 연회장을 배정해야 하는데, 다음과 같은 원칙이 요구된다.

첫째, 인원 수에 맞는 적정한 연회장을 배정한다.
둘째, 테이블 플랜을 고려하여 연회장을 배정한다.
셋째, 앞 · 뒤의 행사시간을 고려하여 연회장을 배정한다.
넷째, 대연회장을 파티션하여 배정할 때는 바로 옆의 연회장에서 음악소리 등의 소음으로 인하여 행사에 지장을 주는지를 고려하여 배정한다.

(4) 식수 인원의 협의

연회행사는 정확한 인원수를 예측하기 힘들다. 행사 당일 예약인원보다 많이 올 수도 있고, 적게 올 수도 있다. 이러한 변동 폭이 심하면 호텔과 예약고객 모두에게 피해가 오므로 서로 증감의 폭을 줄여야 한다. 행사 당일 인원이 적게 왔다고 하여 만들어 놓은 음식을 줄여달라거나 인원이 많이 왔다고 해서 음식을 더 만들어 달라는 것은 무리이다.

따라서 호텔에서는 지불보증과 예상인원제도를 두고 있는데, 지불보증(guarantee)이란 인원의 감소에 관계없이 고객이 지불을 보증하는 인원수이고, 예상(expect)이란 인원의 증가에 대비하여 음식의 양을 더 준비해 놓는 것이다. 지불보증과 예상인원수와의 갭(gap)은 10% 내에서 유지하는 것이 통례이다. 인원수는 호텔이나 고객 양자 모두 민감한 문제이므로 행사가 가까워지면 인원에 대하여 재확인을 할 필요가 있다.

특히 결혼식 피로연과 고희연과 같은 가족모임은 예상인원을 예측하기 힘든데, 예상인원을 초과하여 음식이 부족할 경우 타 레스토랑으로 유도하고, 같은 가격대의 메뉴를 제공하는 것을 주최 측과 협의한다.

예제 연회장 뷔페인원을 100명으로 지불보증하였는데 당일 90명 밖에 오지 않았다. 몇 명분을 계산해야 하는가?

답 100명

예제 양식 세트 메뉴로 50명을 지불보증하였다면 예상인원을 몇 명으로 한정하는 것이 좋은가?

답 55명

예제 양식 세트 메뉴로 50명을 지불보증하고 예상인원을 55명으로 하였는데 당일 53명이 참석하였다. 몇 명분을 계산해야 하는가?

답 53명

뷔페와 칵테일리셉션의 음식은 종류별로 한 번 준비하는데 일반적으로 최소 50~60인분이므로 그 이하의 인원수를 받아서는 안 된다. 만약 고객의 강한 요구로 인하여 40명 정도의 뷔페를 받을 경우 객단가를 올려 받을 수 있다. 그 방법은 다음의 예제로 설명할 수 있다.

예제 A 호텔의 연회장 뷔페는 최소 인원 50명을 기준으로 하고 있으며, 단가는 30,000원이다. 그런데 주최 측에서 40명으로 뷔페를 하고자 하였을 경우 1인당 객단가는 얼마를 받으면 되는가?

최소 매출액 ·························· 50명×30,000원 = 1,500,000원
최소 매출액을 40명으로 환산 ··· 1,500,000원÷40명 = 37,500원

답 37,500원

(5) 음료(beverage) 협의

연회장에서는 모든 음료를 취급할 수 있는데, 음료판매 방법은 테이블 서비스형식과 바(bar) 서비스 형식이 있다. 먼저 테이블(table) 서비스는 고객이 원

하는 음료를 테이블 위에 올려 놓고, 직접 따서 마시며, 소비량만큼 계산하는 방법이다.

바(bar) 서비스는 이동식 연회장 바를 설치하여 고객이 직접 바에 와서 음료를 선택하여 마시는 경우이다. 바는 국산과 하우스 브랜드(house brand)의 음료들로 구성된 스탠다드 바(standard bar)와 수입 음료 및 프리미엄(premium)급으로 구성된 딜럭스 바(deluxe bar)가 있으며, 계산방법은 소모량 또는 시간당 계산하는 방법이 있다. 시간당 계산 방법은 예약 시간과 참석자 1명 기준으로 가격이 결정되는데, 주어진 시간 내에 음료의 종류와 양에 관계없이 무제한으로 마실 수 있다.

하우스 브랜드(house brand)란 호텔 내부에서 와인 등 음료를 잔 단위로 판매할 때 사용하는 것으로 품질은 보통급 이하이다.

표 3-2 바 서비스의 시간당 계산(예)

구분	아이템	1시간/1인	2시간/1인
스탠다드 바	국산(맥주, 와인, 위스키, 브랜디, 진, 보드카, 럼 등) 및 하우스 브랜드	20,000	30,000
딜럭스 바	수입(맥주, 와인, 위스키, 브랜디, 진, 보드카, 럼 등) 음료 및 프리미엄급	30,000	45,000

(6) 콜케이지 요금(corkage charge)

원칙적으로 음료는 호텔 외부에서 반입이 안 된다. 그러나 고객이 예산 등의 이유로 부득이 반입을 요구할 때는 일차적으로 콜케이지 요금을 부가하고 그것도 여의치 않으면 호텔의 음료와 반입의 음료를 절충한다.

콜케이지 요금이란 손님이 호텔의 음료(beverage)를 사용하지 않고 직접 가져온 음료를 호텔 측에서 바(bar) 또는 테이블에 세팅하여 잔과 얼음 및 생수를 제공하고 병당 서비스 요금을 받는 것을 말한다. 일반적으로 값이 비싼 위스키나 와인의 경우 병당 콜케이지 요금이 높으며, 진·보드카 등 값이 싼 음료일수록 콜케이지 요금이 낮게 책정된다.

(7) 배너와 사인보드 협의

일반적으로 연회고객은 행사장에 설치할 배너(banner) 및 호텔 로비와 연회장 입구에 안내를 할 수 있는 사인보드(sign board)를 요청하게 되는데, 사인보드는 호텔에서 무료로 작성해 주지만 배너는 유료가 원칙이다. 왜냐하면 대부분의 호텔은 배너 제작을 자체적으로 하는 것이 아니라 외주업체에 비용을 들여 의뢰를 하기 때문이다. 그러나 행사의 규모 및 매출에 따라 배너를 무료(complimentary; comp.)로 제공하는 경우도 있다.

사인보드나 배너의 문구는 정확히 받아서 오자가 없도록 하고, 특히 단체나 기업의 로고를 삽입할 때는 모양이나 색상에 유의해야 한다. 외주업체로부터 들어 온 배너는 행사 전에 체크하여 오자의 실수를 예방해야 한다. 천으로 된 배너는 당일 수정이 어렵다. 종종 호텔에서는 배너의 문구나 로고가 잘못되어 행사 당일 낭패를 보는 경우가 발생된다.

(8) 기타 옵션 협의

꽃장식과 데코레이션 테이블 위의 꽃이나 기본적인 꽃장식은 호텔 연회장 측에서 준비를 하지만, 결혼식, 약혼식 등과 같은 행사에 고객이 특별 꽃(화환, 꽃다발, 수반, 부케, 코사지 등)을 주문할 때는 요금을 받는다. 코사지(corsage)란 가슴에 꽂는 꽃을 말한다. 또한 칵테일리셉션 행사 시 고객이 미니 정원과 같은 특별한 데코레이션을 원할 경우 그에 따른 제작 및 설치 요금을 받는다.

표 3-3 행사별 꽃장식

행사종류	봄	여름	가을	겨울
약혼식	백합, 분홍거베라, 장미, 설유화	글라디오스, 거베라, 장미	글라디오스, 다알리아, 거베라	금어초, 스톡크, 거베라
장수연	백합, 노랑 거베라, 카네이션	글라디오스, 카네이션, 노랑 거베라	글라디오스, 카네이션, 거베라	금어초, 스톡크, 카네이션
돌, 백일	후리지아, 아이리스, 석죽, 장미	장미, 글라디오스, 거베라, 소국	글라디오스, 소국, 후룩스	거베라, 금어초, 튤립

아이스카빙 아이스카빙 제작은 모양만 만들거나 모양 밑에 문구나 로고를 삽입하는 경우가 있다. 문구나 로고를 삽입할 경우는 사전에 그 내용을 받아서 디자인 작업 및 코팅처리 후 얼음 속에 넣을 수 있도록 아이스카빙 담당자에게 전달해야 한다. 아이스카빙의 일반적인 크기는 2단과 3단이지만, 특별히 주문하여 대형을 만들기도 한다. 요금은 크기에 따라 다르며, 행사의 매출 규모에 따라 호텔 측에서 무료로 제공하기도 한다.

표 3-4 행사별 아이스카빙

행사종류	모양	의미	규격	표기어	비고
약혼식	원앙, 앵무새, 비둘기, 하트 위의 원앙	사랑	2단 적당	축 약혼	
장수연	학, 봉황, 거북이	장수	2~3단 적당	축 ○○ 만수무강	○○에는 해당하는 생일의 명칭을 기입. 예) 고희
돌, 백일	백조, 아기천사	맑음	2단 적당	첫돌기념 백일기념	
친목모임	비둘기	우정, 친선	행사성격에 맞게	행사성격에 맞게	

■아이스카빙

사진 및 비디오·DVD 제작 결혼식, 약혼식 등과 같은 가족모임 행사에는 사진 및 비디오 촬영 및 DVD제작 등이 수반되는데, 샘플 사진 앨범 등을 통하여 가격을 제시하고 협의를 해야 한다.

케이크 약혼식, 장수연 등의 행사는 물론 특정 기념 행사에는 반드시 케이크가 요청된다. 케이크의 일반적인 크기는 1단에서부터 5단까지이며, 특별 주문 케이크도 있다. 요금은 크기에 따라 다르며, 행사매출 규모에 따라 크기가 작은 케이크의 경우 무료로 제공하거나 할인을 해 주는 경우도 있다.

■3단 웨딩 케이크

엔터테인먼트 행사의 성격에 따라 음악연주가, 사회자(MC), 가수 등의 엔터테인먼트를 요구하는 경우가 있는데, 특히 사회자, 가수 등의 엔터테인먼트 섭외는 즉석에서 답을 줄 수 없고, 해당 엔터테이너(entertainer) 측과 스케줄 및 요금을 협의한 후 고객에게 연락을 한다. 엔터테인먼트의 종류는 다음 표와 같다.

표 3-5 엔터테인먼트의 종류

구분	내용	해당 연회행사
현악 및 피아노	피아노 독주 현악 4중주(바이올린1, 바이올린2, 첼로, 비올라) 피아노 4중주(피아노, 바이올린, 비올라, 첼로)	결혼식, 약혼식 결혼식, 약혼식
악사(음악반주)	1인조(전자올겐) 2인조(전자올겐, 기타)	장수연 장수연
국악	창 국악연주(장고, 피리, 대금, 해금, 아쟁, 거문고) 고전무용	장수연 장수연 장수연
사회자	식 진행 레크리에이션 진행	각종 공식행사 진행 장수연, 돌잔치
연예인	가수 등	장수연 및 각종 기념행사

3 결혼식의 예약접수

3.1 호텔 결혼식의 동향

특1급 호텔에서 예식이 가능하게 된 것은 호화 호텔예식의 금지와 호화혼례를 규제해 온 '가정의례에 관한 법률'이 1999년 8월에 폐지되면서부터이다.

그 이전에는 특2급 이하의 호텔에서만 결혼식이 가능하였는데, 19년 만에 부활한 셈이다. 고객들이 결혼식장으로 호텔을 선택하는 이유는 고품격의 시설 · 음식 · 서비스 등을 제공받을 수 있고, 쾌적한 공간과 시간적 여유를 가질 수 있기 때문이다. 이에 특1급을 비롯한 각 호텔에서는 부가가치가 높은 결혼식을 유치하기 위하여 시설을 고품격으로 개보수(renovation)하고, 다양한 마케팅 및 이벤트를 실시하는 등 상품개발에 주력하고 있다.

그러나 호텔의 지나친 호화 결혼식은 일반인들에게 위화감을 조성하고, 허례허식 등 낭비와 사치를 조장한다는 점에서 사회적으로 비판을 받기도 한다. 이러한 비판이 고조되면 결국 다시 호화 호텔의 예식이 금지될 수도 있으므로 올바른 결혼식 문화의 정착을 위해 ❶ 옵션상품의 강매 금지 ❷ 부당한 요금 징수 금지 ❸ 적정한 가격 유지 등의 노력이 필요하다.

결혼식은 메뉴의 구성에서부터 연회장 및 테이블의 꽃장식, 예식에 필요한 비품, 폐백준비 등 다양한 협의가 필요한 행사이다. 드레스나 사진 · 비디오 또는 DVD 제작 등은 일반적으로 호텔 내 또는 외부 웨딩 샵(wedding shop)에서 처리하는 경우가 많다.

3.2 결혼식 예약접수의 실제

연회행사 중에서 결혼식은 일반 연회행사와는 달리 예약접수가 다소 복잡하므로 상당한 노하우와 협상력이 필요하다.

(1) 식사 및 음료 협의

결혼식 이후 피로연에서 주로 선택하는 식사는 양식 및 중국식 세트 코스(western set course)와 뷔페(buffet) 그리고 런치 박스(lunch box)라고 하는 일식 도시락 정식(makunouchi) 등이 있는데, 보통 수준의 피로연에서는 뷔페나 일식 도시락 정식을 선호하지만 고급 피로연에서는 주로 양식 또는 중국식 세트 코스를 선호하고 있다. 호텔 측에서도 양식 세트 코스를 준비하는 이유는 우선 객단가가 다른 메뉴보다 상대적으로 높고, 결혼식 하객들에게 앉아서 우아한 서비스를 제공받을 수 있도록 배려할 수 있기 때문이다.

결혼식의 메뉴로는 일반 식사 메뉴 외에 결혼식의 의미를 살릴 수 있는 잔치국수와 혼주들의 수고를 들 수 있는 모둠 떡뿐만 아니라 폐백음식 등도 있는데, 이와 같은 부수적인 음식을 추가로 판매하거나 모둠 떡의 경우 메뉴에 포함하여 판매하는 호텔도 있다.

음료의 경우 주로 와인과 맥주, 비알코올성 음료수가 제공되는데, 일반적으로 테이블 서비스에 의하여 소비량에 따라 계산하게 된다.

표 3-6 결혼식의 식사 메뉴 및 가격(예)

메뉴	가격	비고
양식 세트 코스	30,000~90,000원/1인	가격대별 1개 메뉴 선택
일식 도시락 정식	20,000~35,000원/1인	
뷔페	25,000~40,000원/1인	
잔치 국수	2,000원/1인	옵션
모둠 떡	20,000원/테이블당	옵션
폐백음식	600,000 이상/세트	옵션

주) 메뉴 및 가격은 각 호텔에 따라 달라질 수 있음

■양정식/Westen Food

세트메뉴 "A"
세트메뉴 "B"
세트메뉴 "C"
세트메뉴 "D"

■뷔페/International Buffet

뷔페메뉴 "A"
뷔페메뉴 "B"
뷔페메뉴 "C"
뷔페메뉴 "D"

■중국식/Chinese Food

중국식 "A"
중국식 "B"

■일식도시락/Japanse Luncheon Box

일식도시락 "A"
일식도시락 "B"
일식도시락 "C"

■ H호텔의 결혼식 식사메뉴

(2) 대여료 협의

결혼식을 마치고 피로연에서 식사를 하게 되면 식장은 무료로 사용할 수 있다. 단 매출 규모를 고려하여 최저 식사 인원을 규정하고 있는데, 일반적으로 특급 호텔의 경우 300명 이상의 인원을 기준으로 하고 있다. 또한 결혼식이 끝나면 폐백을 드리게 되는데, 호텔에서는 소연회장 또는 객실을 이용하여 준비하고 있다. 폐백실 대여료는 무료로 제공되는 경우가 많지만, 폐백음식을 주문하지 않으면 대여료를 받는 호텔도 있다.

(3) 꽃장식 협의

연회장을 예식장 분위기로 살리기 위해서는 테이블과 무대 및 실내 공간에 별도의 꽃장식이 필요하다. 식장의 꽃장식 외에도 신부 부케, 코사지(양가부모, 신랑, 주례, 사회자 용) 7개 등도 반드시 필요하다. 이와 같은 꽃장식은 호텔에서 무료로 제공되는 것이 아니라 고객 측에게 옵션으로 제시해야 한다. 꽃장식에 대한 가격은 사전에 호텔 내의 플라워 샵(flower shop)과 협의하고, 종류별 · 등급별로 가격표를 만들어 비치해 놓아야 한다.

■호텔의 결혼식장 꽃장식

표 3-7 꽃장식의 종류와 가격(예)

종류	가격	비고
부케	20,000~80,000원/개	
코사지	3,000~9,000원/개	
테이블	20,000~50,000원/테이블당	
무대 및 실내 공간	2,000,000~4,500,000원/전체	

주) 가격은 각 호텔에 따라 달라질 수 있음

(4) 기타 협의

식사 및 꽃장식 외에 결혼식에서 필요한 부가협의사항은 다음의 표와 같은데, 원스톱(one-stop) 서비스 차원에서 청첩장 제작까지도 호텔에서 대행해주는 경우도 있다.

표 3-8 결혼식에 필요한 부가적 협의사항(예)

항목	가격	비고
웨딩 케이크	100,000~300,000원/개	
초	기본	무료
	스페셜	100,000~300,000원/전체
아이스카빙	100,000~200,000/개	식사인원이 300명 이상일 경우 무료로 제공하기도 함
방명록, 장갑, 축의금 봉투	무료	
성혼선언문, 혼인서약서	무료	
폐백 의상	200,000~300,000원/신랑신부	
폐백 전문 수모	100,000원	
음악연주	500,000 이상	연주 인원의 규모에 따라
DVD제작	500,000~2,000,000원	
청첩장	1,000~5,000원/장	300장 이상

주) 가격은 각 호텔에 따라 달라질 수 있음

4 출장파티 협의

4.1 메뉴 및 요금 협의

(1) 메뉴 협의

출장파티는 호텔 외부에서 요리가 제공되는 특수성으로 인하여 출장파티의 메뉴는 한계가 있는데, 즉 외부에서 음식을 제공해야 하므로 사실상 세트 코스 음식의 제공은 불가능하다. 따라서 가능한 스탠딩 뷔페와 칵테일리셉션 메뉴를 추천하도록 한다.

(2) 요금 협의

음식요금 외에 출장서비스에 대한 추가 요금을 받아야 하는데, 음식은 호텔의 케이터링 카(catering car)로 운반하면 되지만, 테이블 등의 기물은 일반 트럭을 사용해야 하므로 이에 대한 요금을 산정하고, 또한 호텔 내 연회장에 행사가 많을 때는 자체 인력만으로는 출장서비스를 담당할 수 없으므로 아르바이트 등 지원인력에 대한 요금도 감안해야 한다.

4.2 현장답사

출장파티의 장소는 주최 측과 협의하여 반드시 사전에 현장을 답사하여 음식 테이블 위치, 백 사이드 위치 등을 확인해야 하는데, 답사를 갈 때는 연회서비스 등 관련부서의 담당자와 함께 가서 서비스에 차질이 없도록 한다. 준비 및 현장에서의 서비스 계획은 연회 서비스에 일임한다.

제4장

회의행사의 예약접수

제 4 장

회의행사의 예약접수

1 회의행사 예약접수의 이해

1.1 회의행사 예약접수의 개요

오늘날 국제회의뿐만 아니라 기업체 및 일반 단체에서도 쾌적한 호텔의 연회장을 이용하여 각종 회의를 개최하고 있다. 회의형 행사는 회의가 주가 되고, 식사는 부수적이라고 할 수 있으며, 회의준비와 진행에 초점을 맞추어 주최 측과 세밀한 협의가 필요하다. 회의행사의 예약을 접수받을 때는 가장 먼저 주최 측으로부터 일정표를 받아서 ❶ 회의장 및 식사장소 배정 ❷ 회의장 테이블 플랜 및 필요한 기자재 협의 ❸ 대여료 및 식사 · 커피 브레이크 메뉴의 가격 등 협의 ❹ 배너 및 기타 준비사항 등의 순으로 협의하면 된다.

회의행사의 요금은 회의장 대여료와 시설기자재 사용료, 회의참석자들의 식사요금 등으로 나눌 수 있는데, 식사를 어떻게 하느냐에 따라서 연회장의 대여료가 달라진다.

표 4-1 **일반적인 회의행사의 일정표**

날짜	시간	내용	장소
1일차	09:00-10:30	회의	○○○연회장
	10:30-10:40	커피 브레이크	○○○연회장 앞 복도
	10:40-12:10	회의	○○○연회장
	12:10-13:10	중식	△△△연회장
	13:10-15:40	회의	○○○연회장
	15:40-15:50	커피 브레이크	○○○연회장 앞 복도
	15:50-17:20	회의	○○○연회장
	17:20-18:00	자유시간	
	18:00	석식	△△△연회장
2일차	08:00-09:00	조식	△△△연회장(또는 커피숍)
	09:00-10:30	회의	○○○연회장
	10:30-10:40	커피 브레이크	○○○연회장 앞 복도
	10:40-12:10	회의	○○○연회장
	12:10-13:10	중식	△△△연회장

그림 4-1 **회의행사 예약접수의 절차**

1단계 회의장 및 식사장소 배정

↓

2단계 회의장 테이블 플랜 및 필요한 기자재 협의

↓

3단계 대여료 및 식사 · 커피 브레이크 메뉴의 가격 등 협의

↓

4단계 배너 및 기타 준비사항 협의

1.2 회의장 및 식사장소 배정

회의장 및 식사장소 배정 방법은 다음과 같은 방법으로 한다.

❶ 회의장 및 식사장소 배정은 적정규모의 연회장에서 할 수 있도록 한다.

❷ 배정을 할 때는 앞뒤행사의 스케줄을 고려하여 연회 서비스가 준비작업을 할 수 있는 시간적 여유를 두어야 한다. 일반적인 시간적 여유는 다음 표와 같다.

표 4-2 **앞뒤행사의 최소 준비시간**

구분	회의형 → 회의형	식사형 → 식사형	회의형 ↔ 식사형
50명 정도의 규모	40분	60분	80분
200명 정도의 규모	60분	90분	120분
400명 이상의 규모	80분	120분	160분

❸ 회의가 연속적으로 있을 경우 회의장은 가능한 한 곳에 배정한다.

❹ 중식과 석식의 장소는 별도의 연회장을 배정한다.

❺ 조식은 100명 이상 인원이 많을 경우 연회장에 배정하고, 그 이하의 인원일 경우 커피숍을 이용하도록 한다. 이때는 조식 쿠폰을 발행하여 자유이용을 하도록 한다.

❻ 커피 브레이크 장소는 회의장 바로 앞쪽의 복도를 이용한다.

2 회의장 테이블 플랜

회의장의 테이블 플랜(table plan)은 회의성격이나 주최 측의 요구에 따라 회의장 안에 테이블, 좌석, 기자재 등의 배치 계획을 말한다.

2.1 좌석만 세팅할 경우

회의행사에서 세미나 테이블을 놓게 되면 그 이상의 인원을 수용할 수 없다. 따라서 좌석만 세팅하게 되면 대규모의 인원을 수용할 수 있기 때문이다.

(1) 극장식 좌석배치

회의장의 폭이 연단(speech table)을 중심으로 세로로 길 경우에 적합한 좌석배치이다.

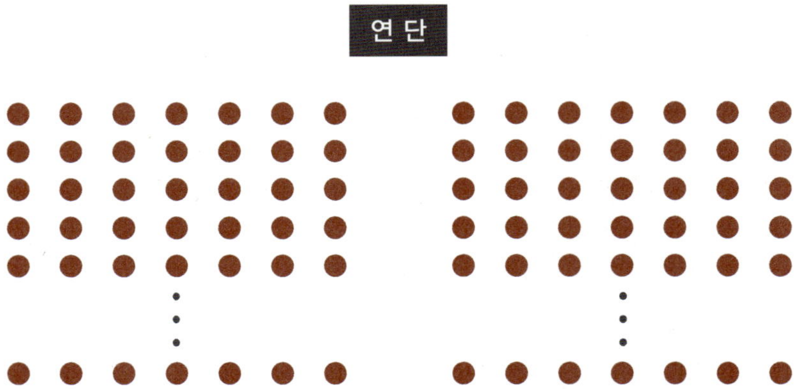

(2) 반원형 좌석배치

회의장의 폭이 연단(speech table)을 중심으로 가로로 길 경우에 적합한 좌석배치이다.

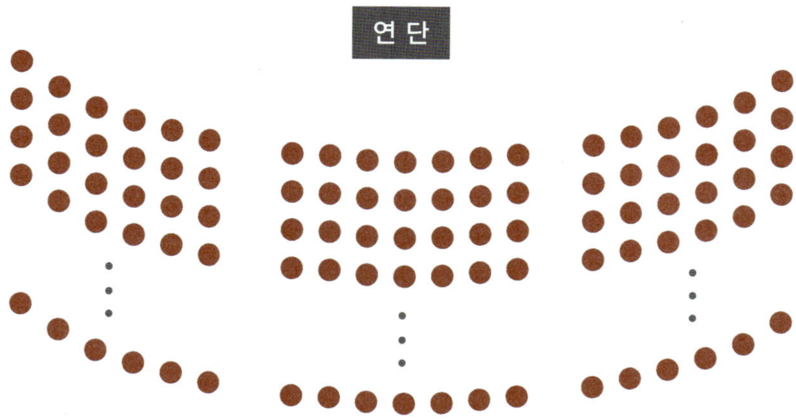

2.2 테이블과 좌석을 함께 세팅할 경우

(1) 교실형(classroom) 배치

대규모 회의를 위한 배치로, 참석자들에게 정보나 지식의 전달이 주목적인 회의형태에 적합하다.

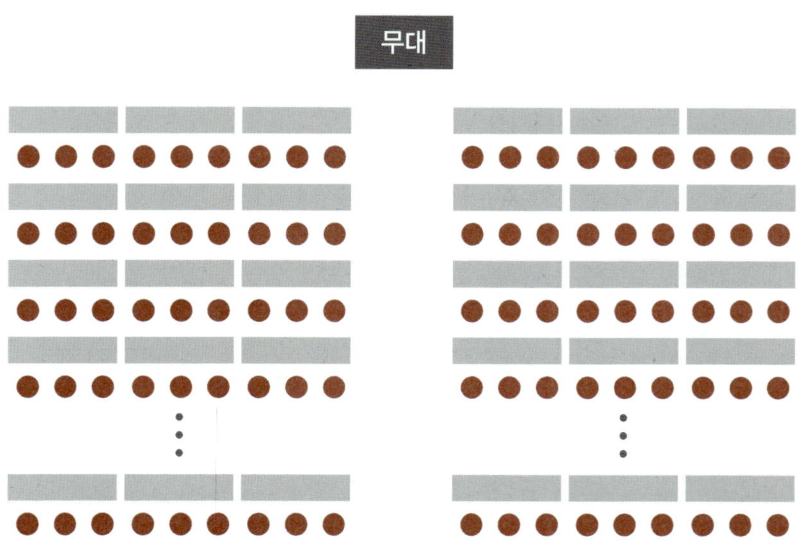

(2) U자형 배치

무대에서 특별한 진행이 없고, 참석자들이 자유롭게 토론하는 등 소규모 회의에 적합한 배치이다.

(3) 사각형(hallow square) 배치

사각형 안쪽에는 앉을 수 없으며, 참석자들의 서열에 관계없이 자유롭게 토론하는 등 소규모 회의에 적합한 배치이다.

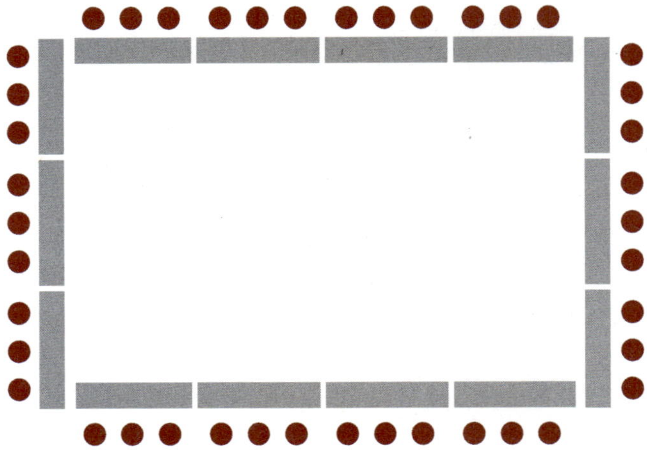

(4) 원형(hallow circular) 배치

참석자들의 서열에 관계없이 자유롭게 토론하는 등 소규모 회의에 적합한 배치이다.

(5) 타원형(oval) 배치

이사회 등 소규모의 인원이 서로 가깝게 앉아서 회의를 할 수 있는 배치이다.

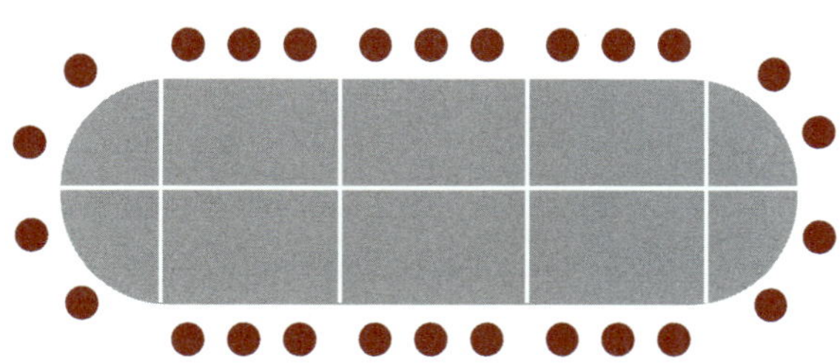

(6) V자형 배치

프리젠테이션(presentation)을 할 때 유용한 배치이다.

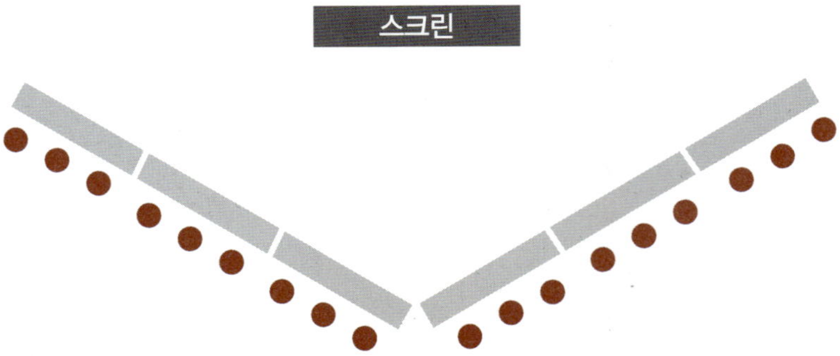

(7) I자형 배치

양측의 수석대표를 중심으로 이루어지는 회의에 적합한 배치이다.

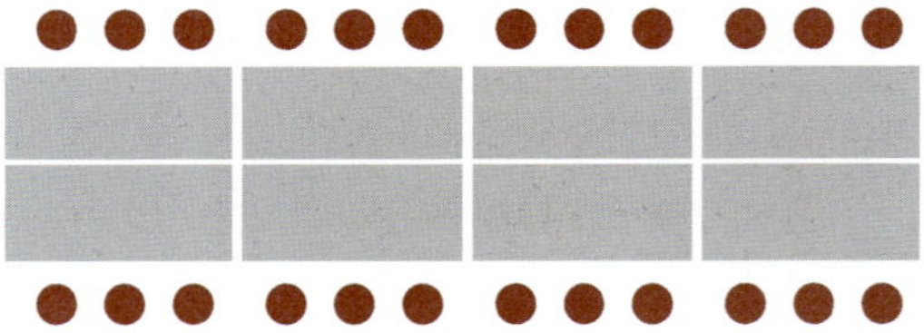

3 회의행사 요금 협의

3.1 대여료 및 커피 브레이크 협의

(1) 대여료 협의

호텔 연회장 영업의 특성 중 하나가 연회장을 대여하여 영업할 수 있다는 것이다. 연회장의 대여료는 연회장 규모에 따라 다르며, 사용 시간으로도 하루(all day) 또는 반나절(half day) 등으로 구분하여 받는다. 하루를 대여하더라도 저녁 8시 이후까지 사용한다면 20% 정도의 추가요금을 부가할 필요가 있다.

그런데 회의 참석들이 식사를 할 경우는 대여료 산정이 다소 복잡해질 수 있는데, 예를 들어 참석자들이 식사를 한번 할 경우 반나절은 회의장을 무료로 제공할 수 있다. 그러나 하루 회의를 하면서 식사를 점심 한번만 한다면 반나절분의 대여료를 받아야 한다. 또한 회의를 할 때는 각종 기자재가 필요한데 일반 기자재의 경우 무료로 서비스를 하지만 동시통역시설 등 고가의 기자재는 대여료를 받기도 한다.

특히 전시회, 패션쇼, 콘서트 등을 위한 연회장 대여는 행사 당일만 사용하는 것이 아니라 사전에 무대 및 공간을 설치하는 준비작업이 있으므로 그 기간도 사용일수에 포함해야 한다. 그리고 고객이 호텔의 시설물(조명, 음향 등)을 사용하고자 할 때는 관련 부서와 협의를 하고, 사용료도 받도록 하며, 훼손, 파손, 분실에 따른 손해배상에 대하여도 명확히 해 두어야 한다. 연회장의 대여료에는 봉사료가 부가되지 않고 단지, 세금만 10% 부가된다.

(2) 커피 브레이크 협의

회의형 행사는 일반적으로 회의장소와 식사장소 등 2개의 연회장을 사용하는 경우가 많은데, 매출 극대화 차원에서 다소 어려운 점이 있다. 이를 극복할 수 있는 보완적 수단이 커피 브레이크 메뉴의 판매이므로 이를 최대한 업 셀링(up selling)할 필요가 있다.

표 4-3 커피 브레이크 메뉴의 종류(예)

종류	구성	가격	비고
A	커피, 티	3,000~4,000원	1인 1잔 기준
B	커피, 티, 쿠키	5,000~6,000원	1인 1잔 기준, 쿠키는 10인당 1접시 정도
C	커피, 티, 쿠키, 과일	8,000~10,000원	1인 1잔 기준, 쿠키 및 과일은 10인당 1접시 정도

주) 가격 및 메뉴는 호텔마다 다소 차이가 있으며, 인원의 규모에 따라 할인이 되는 경우도 있음

3.2 기타 준비사항 협의

(1) 배너

회의행사에서 배너의 경우 회의장 내에는 대부분 필요하고, 호텔 입구와 식사장소에는 주최 측의 요구에 따라 추가되는 경우가 있다. 일반적으로 고객은 배너를 당연히 호텔 측에서 무료로 제공해주는 것으로 믿고 있다. 그러나 배너는 대부분 외부업자에게 발주를 준다는 점에서 비용이 발생하므로 가능한 배너의 비용은 받도록 유도한다. 그러나 배너를 비롯한 각종 기자재에 대한 유·무료에 대한 판단은 호텔 내부적으로 기준을 마련하고 있지만 반드시 공식화하기보다는 협상에 대한 유연성의 차원에서 접근할 필요가 있다. 즉 행사의 규모에 따라 서비스 차원에서 무료로 적용할 수 있는 유연성이 필요하다. 배너에 대한 요금기준은 다음과 같다.

표 4-4 배너의 요금 협의(예)

구분	회의장	식사장소	호텔 입구
50명 정도의 규모	요금부가	요금부가	요금부가
100명 이상의 규모	무료	무료	요금부가
500명 이상의 규모	무료	무료	무료 또는 요금부가

(2) 식순

회의장 내 식순은 대부분 호텔의 아트/디자인실에서 무료로 제작해 준다.

(3) 명찰 및 명패

참석자들의 명찰(name tag)과 투명 플라스틱에 끼우거나 종이 자체로 만든 삼각 명패(place card)는 주최 측이 자체 준비하거나 호텔 측이 준비하는 경우가 있는데, 호텔 측에서 준비해야 할 경우 사전에 명단을 받아서 제작해 준다. 수량이 많거나 시간적 여유가 없을 때는 호텔 측의 빈 양식을 주최 측에 제공하여 작성하도록 하는 경우도 있으며, 호텔 측에서 직접 제작할 경우 간혹 제작에 따른 요금을 받기도 한다.

그 밖에 회의행사에는 다양한 준비사항이 많은데, 다음과 같은 체크 리스트에 의하여 협의를 하게 되면 준비에 완벽을 기할 수 있다.

회의행사의 체크 리스트(Check List-Conference/Exhibition)

Name of Organization/행사명 : 　　　　Number of Person/인원 수 :

Function Room/회의장소 : 　　　　Payment/지불방법 :

Items/항목	Content · Quantity/내용 · 수량	Price/요금
□ Transportation/차량		
□ Parking/주차 서비스		
□ Signboard Wording/안내문구		
□ Banner(outside, inside)/배너(실내, 실외)		
□ Cloak Room/옷보관소		
□ Reception Desk/등록데스크		
□ Visitor' s Book/방명록		
□ Name Tag/명찰		
□ Place Card/명패		
□ Secretariat Service/비서 대행		
□ Photographer/사진사		
□ Telephone(house, outside)/전화(내부, 외부)		
□ Seating Arrangement/좌석 안내표		
□ Head Table/헤드 테이블		
□ Arm Chair/팔걸이 의자		
□ Microphone(desk, stand, pin, wire-less)/마이크(데스크, 스탠드, 핀, 무선)		
□ Lectern/렉턴		
□ Lighting System/조명시설		
□ Projector(OHP, Slide, Beam, Video, DVD, notebook)/프로젝터		
□ Laser Pointer/레이저 포인터		
□ Portable Screen/이동식 스크린		
□ TV Monitor/TV모니터		

Items/항목	Content · Quantity/내용 · 수량	Price/요금
□ Simultaneous Interpretation System/동시통역시스템		
□ Interpreter/통역사		
□ White Board/화이트 보드		
□ Flip Chart/괘도걸이		
□ Stationery Folder/문구함		
□ Line Paper & Pencil/메모지와 연필		
□ Water(bottle, glass)/물(병, 잔)		
□ Flag(Desk, Stand)/국기(데스크용, 스탠드형)		
□ Coffee Break/커피 브레이크		
□ Welcome Reception/환영 리셉션		
□ Meal(breakfast, Lunch, Dinner)/식사(조 · 중 · 석식)		

제5장

연회예약 관련 서식의 작성

제5장

연회예약 관련 서식의 작성

1 연회 관련 서식의 작성개요

1.1 연회예약 관련 서식의 의의

(1) 연회예약 관련 서식 작성의 중요성

연회예약과 관련하여 발생되는 모든 사항은 문서로 남기고, 전달해야 하는데, 일정한 서식에 의하여 진행된다. 고객과의 예약과 관련한 서식으로는 예산(견적)서와 일종의 계약서라고 할 수 있는 연회예약접수명세서 등이 있고, 연회예약실 차원에서 예약관리를 위한 연회예약장부가 있다. 고객과 계약 이후 호텔 내부 업무협조를 위한 서식으로는 연회행사지시서와 취소 또는 변경요구서 등이 있다. 이와 같은 서식의 작성은 고객과는 계약의 측면에서, 호텔 내부에서는 업무협조를 요구한다는 점에서 매우 중요한 업무라고 할 수 있다.

(2) 연회예약 관련 서식 작성의 원칙

연회예약실 직원은 연회예약 관련 각종 서식을 작성할 때 다음과 같은 원칙에 의하여 작성해야 된다.

첫째, 예산(견적)서는 고객이 자사의 호텔로 결정하느냐 또는 타 호텔로 결정하느냐를 결정하는 근거가 되므로 최대한 고객의 입장에서 정성을 다하여 작성한다.

둘째, 연회예약접수명세서는 고객과의 세부사항에 대한 계약서이므로 꼼꼼하게 작성하여 만약의 문제에 대비해야 한다.

셋째, 연회예약장부는 연회문의 및 예약을 받기 위한 자료이므로 고객과의 예약이 완료되면 즉시 기록하여 이중 예약이 되지 않도록 한다.

넷째, 연회행사지시서는 호텔 내부 관련부서에 업무를 요청하는 것이므로 사전에 정확한 내용을 전달해야 한다.

다섯째, 취소 및 변경요구서는 시간을 다투는 문제이므로 발생 시 즉시 서식을 작성하여 해당 부서에 전달해야 한다.

1.2 연회 관련 서식의 작성절차

연회고객은 1차 방문에서 곧바로 예약을 하는 경우도 있지만 대부분 협의를 통하여 예산(견적)서를 요구하는 경우가 많다. 예산(견적)서 작성이 끝나고 고객이 검토한 후 예약실 현장에서 바로 예약을 하고자 할 때는 연회예약접수명세서를 작성하여야 한다. 연회예약접수명세서서의 작성이 완료되면 연회예약장부에도 해당 날짜의 배정된 연회장 난에 행사명 등을 기입한다.

연회행사지시서는 연회예약서를 토대로 행사 일주일 전에 작성하여 관련 부서에 전달해야 하는데, 연회행사지시서(BEO ; Banquet Event Order)란 고객의 연회행사에 대한 각종 정보 및 식음료, 테이블 배치, 기타 요구사항 등을 일목요연하게 정리하여 행사가 원만히 진행될 수 있도록 관련 부서에 협조를 요청하고 알리는 일종의 업무협조전이라고 할 수 있다. 만약 행사 전에 고객의 요구에 의하여 취소가 되거나 변경된 사항이 있다면 취소 또는 변경요구서를 작성하여 해당 부서에 전달해야 한다.

그림 5-1 **연회 관련 서식 작성의 절차**

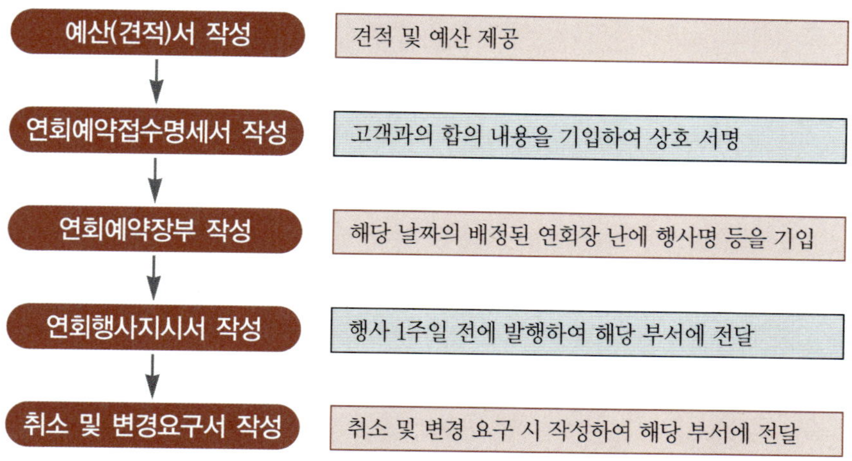

2 예산(견적)서 작성

2.1 예산(견적)의 의의

연회행사는 예산의 범위가 크고, 준비사항도 많다는 점에서 대부분의 고객은 세부내용에 대하여 일목요연한 예산(견적)서를 요구한다. 예산(견적)서를 요구하는 이유는 주최자가 즉석에서 결정하지 못하고 관계자와 협의한 후 결정을 내리고자 하거나 타 호텔과 비교하여 결정하고자 하기 때문이다. 예산(견적)서는 가격표에 의하여 정확히 제시되어야 하며, 견적제공 과정에서 고객이 미처 생각하지 못하는 부분까지도 행사의 성격에 맞도록 필요한 사항을 설명 또는 추천해 주는 것도 서비스이다. 특히 예산(견적)서를 작성할 때는 식음료 부분은 봉사료와 세금이 부가되고, 그 외의 기타 항목은 세금만 가산된다는 점에 유의하여야 한다.

예산(견적)서는 국문과 영문으로 나눌 수 있는데, 국문 예산(견적)서는 일정한 양식에 의하여 제공되며, 영문 견적서는 일반적으로 레터(letter) 형식으로 작성한다. 이와 같은 예산(견적)서는 동일 고객에게 타 호텔에서도 제공한다는 점에 유념하여 정성을 다하여 작성하도록 한다.

2.2 국문 예산(견적)서 작성

국문 견적서는 일정한 양식에 의하여 해당란에 숫자만 기입하면 되는데 작성방법은 다음과 같다.

예산(견적)서

단체명 : 행사일시 :

구분	항목	단가	수량	금액	비고
식음료	한 · 양 · 중 · 일 정식				
	뷔페				
	칵테일리셉션				
	케이크				
	와인				
	샴페인				
	맥주				
	음료수				
	아이스카빙				
소계 ①					
10% 봉사료 ②					
10% 세금 ③					
식음료 합계 ④					
기타	대여료				
	콜케이지 요금				
	꽃장식				
	사진				
	비디오				
	음악연주가				
	배너				
소계 ⑤					
10% 세금 ⑥					
기타 합계 ⑦					
총계 ⑧					

상기 내용으로 견적을 드립니다.

20××년 월 일

연회예약 담당 :

❶ 식음료 항목의 소계

❷ 식음료 항목 소계의 금액(①)의 10% 금액

❸ (①+②)×10%로 계산

❹ ①+②+③의 합계

❺ 기타 항목의 소계

❻ 기타 항목의 소계(⑤)의 10% 금액

❼ ⑤+⑥의 합계

❽ ④+⑦의 합계

2.3 영문 견적서 작성

(1) 영문 견적서 작성의 사례

호텔의 연회행사 중에는 외국의 기업이나 관공서 등에서 파티나 회의를 의뢰하는 경우가 많다. 이때는 레터(letter) 형식의 영문 견적서를 작성해야 하는데, 일정한 형식을 갖추는 것이 예의이다. 영문 견적서의 사례 및 작성방법은 다음과 같다.

March 11, 20×× ①

Mr. Tom Power ②
Direct Manager
IBM Korea
69, 6-Ka, Joongang-dong Joong-Ku
Busan, Korea

Dear Mr. Tom Power ③

First of all, thank you very much for your support of the Hyatt Regency Busan. ④

With regards to your cocktail reception, we are delighted to quote the following special offer :

Date : April 5, 20××
Venue : Grand Ballroom
No. of Person : 800 persons
Food : ₩40,000 per person
Beverage : ₩30,000 per person within 2hours
The above rates are subject to 10% service charge and 10% tax.

Again, we really appreciate your continued support, and look forward to welcoming your cocktail reception to the Hyatt Regency Busan.

Yours Sincerely ⑤

Anthony J. May ⑥

Anthony J. May
Banquet Reservation Manager
Hyatt Regency Busan

❶ 발신일자는 편지지 왼쪽 상단에 기입한다. 날짜를 적을 때는 약어로 쓰지 말고 전부 적는다. 예를 들어 'October'를 Oct.로 표기하지 않는다. 월(月), 일(日), 연도의 순서는 미국식과 영국식의 표기방법이 있는데 다음과 같다.

예제 20××년 4월 19일의 경우
미국식 : April 19, 20××
영국식 : 19 April, 20×× 또는 19th April, 20××

❷ 수신인의 성명과 주소. 발신일자 3줄 정도 아래 왼쪽에서부터 적어나가되 중앙선을 넘지 않아야 하고 성명을 포함하여 6줄 이내로 해야 한다. 첫째 줄에는 수신인의 존칭과 성명을 적고, 둘째 줄에는 직함, 셋째 줄에는 직장명, 넷째 줄에는 직장주소를 적는다.

❸ 머리말. 본문 머리말의 시작은 수신인의 주소로부터 2줄 아래에서 쓰며, 수신자의 경칭으로부터 시작하는데 경칭사용의 용도는 다음과 같다.

- Sir. 또는 Dear Sir.(Madam) : 의례적인 표현으로 모르는 사람 또는 경의를 표하고자 하는 사람에게 사용한다.
- Dear Mr.(Mrs.)+Last Name : 공식적이고 예의를 갖출 때 쓰는 것으로 영국식 표현이다. 미국에서는 오히려 사적인 표현이다.

❹ 본문. 머리말 2줄 아래부터 쓰는데 문단이 바뀔 때는 1칸을 띄우고 시작한다.

❺ 맺음말. 끝인사말은 본문으로부터 2줄 아래에 쓰는데 일정한 어구가 있으며, 격식에 따라 다음과 같이 다양한 표현이 있다.

격식을 갖춘 표현 ↑ 격의 없는 표현 ↓	Respectfully yours Yours truly, Very truly yours Yours sincerely Yours cordially Best wishes, Best regards, Regards

❻ 서명. 맺음말로부터 서명할 공간을 주기 위하여 4줄 이상 아래에 발신인의 이름과 직책, 회사명을 기입하는데 발신일자 선과 수직으로 맞춘다. 서명은 자필로 쓰는 것으로 편지 내용에 대하여 모든 책임을 지겠다는 의미가 내포되어 있다. 서명을 할 때는 법률상의 문서나 공식적인 문서일 경우 이름을 전부 적어야 한다.

(2) 편지봉투 작성

수신인과 관련된 사항은 오른쪽 하단에 적는데 성명, 직책, 직장명, 주소 순으로 표기하고, 발신인에 관한 사항은 왼쪽 상단에 기입한다. 이때 성명과 주소는 편지지에 기입한 내용과 동일해야 한다.

(3) 영문편지 작성 시 유의사항

- 영문편지를 작성할 때는 우선 보기에 깔끔하게 작성해야 하고 하나의 편지에는 하나의 안건을 담는 것이 원칙이다.
- 편지내용의 분량은 가능한 1장을 넘기지 않는 것이 좋으며 불가피한 경우에 2장을 넘지 않아야 한다. 추가 자료는 첨부로 처리한다.
- 앞장만 사용하고 뒷면에는 쓰지 않는다.
- 본문이 한 장에 끝났다고 다음 장에 맺는말만 쓰지 않는다. 이럴 경우 본문의 2행 정도를 다음 장에 넘겨서 맺는말을 써야 한다.
- 본문은 최초 2~3행에서 용건을 분명히 밝히고 하나의 문장은 20단어가 넘지 않도록 가능한 단문 형태가 좋다.
- 편지지를 봉투에 넣을 때는 내용이 안쪽으로 접히도록 하고, 두 번 또는 세 번 접는다.

3 연회예약접수명세서 및 장부 작성

3.1 연회예약접수명세서 작성

연회예약접수명세서(banquet reservation sheet)는 고객과의 협의내용을 간략히 정리한 내부 직원용의 형식과 고객과 상호협의된 내용에 대하여 문서로써 효력을 발생시키기 위한 계약서(agreement) 형식의 두 가지 형태가 있다. 호텔 사정에 따라 내부 직원용과 계약서 형식을 사용하는 호텔이 있는데, 그 양식은 비슷하다. 다만 계약서는 카피 본으로 되어 있으며, 고객과 연회예약 담당자가 서로 서명을 할 수 있는 난이 있다는 것이다. 본서에서는 연회예약접수명세서를 계약서 형식으로 소개하고자 한다. 계약서의 첫 장은 고객용이고, 뒷장은 예약실 보관용인데, 앞장에만 기입하면 뒷장은 자동적으로 카피가 된다. 작성방법은 다음과 같다.

Banquet Reservation Sheet/Agreement

Name of Organization : ①

Contact person : ②　　　　Tel : ③

□ Definite : ④　　　　□ Tentative : ⑤

Deposit : ⑥　　　　Payment : ⑦

Date(Day)	Time	Room	Function/Menu	Person		Price
				Guarantee	Expected	
⑧	⑨	⑩	⑪	⑫	⑬	⑭

Beverage : ⑮

Other : ⑯

Sign Board & Banner Wording : ⑰

20　.　.　.⑱

Guest Signature : ⑲　　　　Booked by : ⑳

❶ 연회행사를 예약한 단체명을 기입한다.

❷ 연회행사를 예약한 고객의 성명을 기입한다.

❸ 연회행사를 예약한 고객의 연락처를 기입한다.

❹ 확정적 예약이면 □칸에 ✓를 한다.

❺ 잠정적 예약이면 □칸에 ✓를 한다.

❻ 예약금액(deposit)을 기입한다.

❼ 지불방법. 즉 현금, 카드, 후불 등을 기입한다.

❽ 연회행사의 날짜(요일)를 기입한다.

❾ 연회행사의 시간을 기입한다.

❿ 배정된 연회장명을 기입한다.

⓫ 행사의 성격 또는 메뉴를 기입한다.

⓬ 지불보증 인원수를 기입한다.

⓭ 예상인원수를 기입한다.

⓮ 1인당 음식가격을 기입한다. 이때 반드시 봉사료와 세금의 부가 여부를 표기해야 한다. 예를 들어 1인당 음식요금이 40,000원일 경우 봉사료와 세금을 부가해야 할 경우는 40,000++, 봉사료와 세금이 포함되었을 경우는 40,000(Inc.)으로 표기한다. 여기서 ++는 봉사료 10%와 세금 10%를 의미하는 것이고, Inc.는 포함되어 있다는 영어 'Inclusive' 또는 'Included' 의 약어이다. 고객에게 이 부분을 명확히 해야 한다.

⓯ 음료에 관한 사항. 즉 종류, 수량, 가격 등을 기입한다.

⓰ 테이블 배치(table arrangement) 및 기자재 요구사항, 옵션(플라워, 엔터테인먼트, 사진 · 비디오 또는 DVD 제작, 아이스카빙, 케이크 등), 대여료 등을 기입한다. 만약 테이블 배치가 복잡할 경우 별도의 연회장 도면을 활용하여 그림으로 표시하고 첨부해 놓는다. 연회예약실에는 연회장별로 각각 인쇄 또는 복사된 도면 및 테이블 배치도를 갖추고 있다.

⓱ 사인보드 및 배너 문구를 기입한다.

⓲ 예약은 받은 날짜를 기입한다.

⓳ 연회행사 주최자의 서명을 받는다.

⓴ 연회예약을 받은 호텔 내 담당자의 서명을 표기한다.

3.2 예약금 영수증

모든 협의와 연회예약접수명세서 작성이 끝나면 예약금(deposit)을 받아야 하는데, 일반적으로 예상 총액의 10~30%를 정도를 받는다. 연회행사의 예약금은 고객이나 호텔 측이 상호 약속이행에 대한 법적효력이 발생되므로 이에 대한 책임을 지는 것을 의미한다. 물론 연회예약접수명세서의 예약금 난에 금액이 명시되었지만 금전관계의 회계처리를 위하여 경리부에서 발행한 예약금 영수증을 작성해야 한다. 예약금 영수증은 3장이 카피가 되도록 되어 있는데, 첫 장은 고객용이고, 사본 1매는 경리부의 여신과에 송부해야 하며, 나머지 1매는 연회예약에서 보관해야 한다. 작성방법은 다음과 같다.

○○○ HOTEL

No. ○○○○○

ADVANCE DEPOSIT VOUCHER

Deposit Date : ①

Deposit Amount : ②

Guest Name : ③

Name of Organization : ④

Arrival Date : ⑤ Departure Date : ⑥

Remark : ⑦

Received By : ⑧ Income Auditor : ⑨

❶ 예약금을 받은 날짜를 기입한다.

❷ 예약금의 금액을 기입한다.

❸ 예약금을 지불한 고객의 성명을 기입한다.

❹ 연회행사명 또는 단체명을 기입한다.

❺ 도착일을 기입한다.

❻ 출발일을 기입한다.

❼ 비고란으로 특별사항이 있으면 기입한다.

❽ 예약금을 수령한 연회예약의 담당자가 서명한다.

❾ 경리부 여신담당자가 서명한다.

3.3 연회예약 장부 작성

연회예약 장부(control chart)는 1월 1일부터 12월 31일까지 하루 한 페이지씩 일 년 분량 365장이 날짜순으로 일련화되어 있다. 만약 부피가 많을 경우 3, 4개월 또는 6개월 단위로 나누어 사용할 수 있다. 연회예약 장부는 연회예약실에 항상 비치해 두고 예약상황을 수시로 열람할 수 있도록 해야 하고, 연회예약 장부에 표기를 할 때는 취소, 변경, 수정을 할 수 있도록 연필로 기재해야 한다. 작성방법은 다음과 같다.

Date/Day : ①

Function Room	Time	No. of Person ⑤	Type ⑥	Organization ⑦	Definite/ Tentative ⑧	Contact Person ⑨	Tel ⑩
Grand Ballroom (A+B+C)	②						
	③						
	④						
Ballroom A							
Ballroom B							
Ballroom C							
○○○							
△△△							
Outside Catering	⑪						

❶ 해당 날짜와 요일. 하루에 한 장씩

❷ 조식을 겸한 연회행사 시간 기입

❸ 중식을 겸한 연회행사 시간 기입

❹ 석식을 겸한 연회행사 시간 기입

❺ 인원수

⑥ 연회행사의 타입. 예를 들어 뷔페는 'Buffet', 양식 코스메뉴는 'W/S'(western set menu), 회의는 'Meeting'이라고 표기한다.

⑦ 단체명

⑧ 확정적(definite) 예약인지 잠정적(tentative) 예약인지를 표기한다. 확정적 예약이라면 D, 잠정적 예약이라면 T라고 표기한다.

⑨ 연회예약을 의뢰한 고객의 성명

⑩ 연회예약을 의뢰한 고객의 연락처

⑪ 출장파티가 있을 경우 표기한다.

4 연회행사지시서

4.1 연회행사지시서 작성

모든 협의가 끝나고, 연회예약이 완료되면 대략 행사 일주일 전에 연회행사지시서(banquet event order)를 만들어 연회 서비스를 비롯한 관련 부서에 배부하여 고객의 예약사항이 행사당일 차질 없이 진행될 수 있도록 해야 한다. 연회부서에서 가장 힘든 것은 고객서비스가 아니라 내부고객인 관련 부서의 업무협조이다. 따라서 연회부서 직원은 연회행사지시서가 배부되는 협조부서를 중심으로 긴밀한 인간관계를 형성할 필요가 있다.

특히 VIP들이 참석하여 총지배인을 비롯한 간부들의 영접이 필요하거나 각별히 신경을 써야 할 행사의 경우는 'VIP'라는 스탬프를 찍어 배부한다. 연회행사지시서의 작성 및 배부처 관련 업무는 다음과 같다.

BANQUET EVENT ORDER

No. ①

Date : ②	Function Room : ③
Time : ④	Natural of Function : ⑤
Name of Organization : ⑥	Price Per Person Food : ⑦
In-house Contact : ⑧	Guaranteed No. of Person : ⑨
Payment : ⑩	Expected No. of Person : ⑪
Deposit : ⑫	Rental Charge : ⑬
Contact Person : ⑭	Tel : ⑮
Menu : ⑯	Banquet Service : ⑰
Engineering : ⑱	
Other : ⑲	Sign Board & Banner Wording : ⑳

Distribution :*

G.M	Duty Manager	Director of F/B	Executive Chef
Banquet Kitchen	Bakerly	Steward	Room Division
Housekeeping	Operator	Sales Department	Art Room
Accounting	Banquet Service		

❶ 연회행사지시서의 발행 고유번호를 기입한다.

❷ 행사날짜를 기입한다.

❸ 연회장 명을 기입한다.

❹ 연회행사의 시간을 기입한다.

❺ 행사의 성격. 즉 식사형태, 회의형태, 이벤트 등의 성격을 기입한다.

❻ 단체명을 기입한다.

❼ 1인당 음식요금을 기입한다. 이때 반드시 봉사료와 세금의 부가 여부를 표기해야 한다.

❽ 연회예약을 받은 직원의 이름을 기입하여 행사내용에 대하여 궁금한 점이 있으면 예약을 받은 담당자에게 연락을 취할 수 있도록 하기 위한 것이다. 연회예약은 호텔 내에서 연회예약실 직원뿐만 아니라 연회판촉, 지역판촉 사무소 등의 직원이 받을 수 있다.

❾ 고객으로부터 약속한 지불보증 인원수를 기입한다. 만약 행사당일 예약인원수보다 적게 왔을 때 준비된 음식에 대한 지불보증을 확보하기 위해서이다.

❿ 현금, 후불 등의 지불방법에 대하여 기입한다.

⓫ 예상인원수. 즉 고객이 정확한 인원수를 확신하지 못할 경우 음식준비를 위하여 예상인원수를 고려해야 하는데, 일반적으로 지불보증 인원수에 10% 정도를 예상인원수로 감안한다.

⓬ 예약금(선수금)을 기입한다. 행사가 끝나고 연회 서비스에서 고객에게 계산을 할 때는 이 금액만큼 빼고 계산하여야 한다.

⓭ 연회장을 대여하였을 경우 그에 대한 요금을 기입한다.

⓮ 연회예약을 의뢰한 고객의 성명을 기입한다.

⓯ 연회예약을 의뢰한 고객의 연락처를 기입한다.

⑯ 고객이 주문한 메뉴를 기입하는데, 연회장의 메뉴는 종류별로 A · B · C 등으로 세트화 및 등급화되어 있으므로 간략히 표기하면 된다. 예를 들어 'Buffet A' 등으로 표기하면 된다. 만약 추가 메뉴나 특별사항이 있을 경우 별도로 표기한다.

⑰ 연회 서비스에서 테이블 배치, 기자재 위치, 도구 등 준비내용을 기입한다. 테이블 배치가 복잡할 경우 별도의 연회장 도면을 활용하여 그림으로 표시하고 첨부한다. 음료에 대한 주문사항도 여기에 표기하면 된다.

⑱ 시설부에서 준비해야 할 사항. 즉 마이크 종류와 수, 조명 및 음향, 시청각 도구 등에 대하여 기입한다.

⑲ 플라워, 엔터테인먼트, 사진 · 비디오 또는 DVD 제작, 아이스카빙, 케이크 등 고객의 옵션사항을 기입하는데, 그에 따른 가격도 명기해야 한다. 호텔 자체 내에서 준비되는 아이스카빙이나 케이크 등은 봉사료와 세금이 가산되지만, 외부업자 즉, 플라워, 엔터테인먼트, 사진 · 비디오 또는 DVD 제작 요금은 세금 10%만 부가된다. 만약 고객이 외부 업자의 옵션에 한하여 직접 업자에 계산할 경우 세금은 가산되지 않는다.

⑳ 사인보드와 배너의 문구를 기입한다. 만약 배너가 유료일 경우 요금을 명기해야 한다.

※ 연회행사지시서를 복사하여 배부를 해야 하는 곳인데 해당 배부처에 마크하여 전달하여야 한다.

4.2 연회행사지시서 배부처 및 관련 업무

연회행사지시서 배부처 및 관련 업무에 관한 사항은 다음 표와 같다.

표 5-1 **연회행사지시서 배부처 및 관련 업무**

부 서	관련 업무
총지배인(G.M)	총괄업무 및 VIP 파악
당직지배인(Duty Manager)	VIP 파악 및 의전
식음료부장(Director of F/B)	해당 부서장으로서의 업무 파악
총주방장(Executive Chef)	음식계획 및 주방 간의 업무분장, 아이스카빙 체크
연회장 주방(Banquet Kitchen)	음식 준비
베이커리(Bakery)	케이크 및 디저트 준비
스튜어드(Steward)	기물지원 및 처리
객실부(Room Division)	객실관련 업무 지원
하우스키핑(Housekeeping)	연회장 청소 및 꽃꽂이 협조
교환실(Operator)	각 행사장 전화연결
판촉부(Sales Department)	담당행사 파악 및 고객관리
아트/디자인실(Art Room)	배너 발주, 사인보드 · 명찰(name tag) · 명패(place card) 작성, 행사장 내 데코레이션 등
경리부(Accounting)	계산관계 및 후불 처리, 원가관리
연회 서비스(Banquet Service)	연회장 행사준비 및 식음료 서비스

5 취소 및 변경요구서 작성

5.1 취소 및 변경에 대한 원칙

예약고객이 어떠한 사유로 취소나 변경을 요구할 경우는 사전 요청에 의하여 인정되며 통보를 받았을 때는 즉시 일정한 서식에 의하여 취소나 변경된 내용을 기입하여 관련 부서에 배부해야 한다. 그리고 연회예약 장부에도 그 결과를 처리한다.

취소의 경우 예약금 환불문제가 발생하는데, 일반적으로 24시간 이내 취소는 환불이 불가능하며, 48시간 이내 취소는 50%, 그 이상은 전액 환불해 주는 것이 원칙이다. 변경의 경우 일반적으로 행사 시작 몇 시간 전까지는 가능하나 행사 시작 무렵 이후에는 불가능하다. 이와 같은 내용은 연회예약접수명세서의 앞면이나 뒷면에 약관형식으로 표기해 두는 것이 좋다.

5.2 취소요구서 작성

취소요구에 대한 서식 및 작성은 다음과 같다.

CANCELLATION REPORT			
Event Order No. : ①			
Date of Function : ②			
Name of Organization : ③			
Contact Person : ④		Tel : ⑤	
Reason : ⑥			
Date of Cancellation Request : ⑦			
Issued by : ⑧		Signature : ⑨	
Distribution :			
G.M	Duty Manager	Director of F/B	Executive Chef
Banquet Kitchen	Bakerly	Steward	Room Division
Housekeeping	Operator	Sales Department	Art Room
Accounting	Banquet Service		

❶ 해당하는 연회행사지시서의 발행번호를 기입한다.

❷ 행사 날짜를 기입한다.

❸ 행사 단체명을 기입한다.

❹ 취소를 요구한 고객의 성명을 기입한다.

❺ 취소한 고객의 연락처를 기입한다.

❻ 연회행사 취소의 사유를 기입한다.

❼ 취소를 요구한 날짜를 기입한다.

❽ 취소요구서를 발행한 호텔 내의 직원(대부분 연회예약 직원)의 성명을 기입한다.

❾ 취소요구서를 발행한 직원의 서명을 기입한다.

5.3 변경요구서 작성

변경요구에 대한 서식 및 작성은 다음과 같다.

<table>
<tr><th colspan="4">CHANGE OF STATUS</th></tr>
<tr><td colspan="4">Event order No. : ①</td></tr>
<tr><td colspan="4">Date of Function : ②</td></tr>
<tr><td colspan="4">Name of Organization : ③</td></tr>
<tr><td colspan="4">Change of (④)</td></tr>
<tr><td colspan="2">From : ⑤</td><td colspan="2">To : ⑥</td></tr>
<tr><td colspan="2"></td><td colspan="2"></td></tr>
<tr><td colspan="2"></td><td colspan="2"></td></tr>
<tr><td colspan="4">Distribution :</td></tr>
<tr><td>G.M</td><td>Duty Manager</td><td>Director of F/B</td><td>Executive Chef</td></tr>
<tr><td>Banquet Kitchen</td><td>Bakerly</td><td>Steward</td><td>Room Division</td></tr>
<tr><td>Housekeeping</td><td>Operator</td><td>Sales Department</td><td>Art Room</td></tr>
<tr><td>Accounting</td><td>Banquet Service</td><td></td><td></td></tr>
</table>

❶ 해당하는 연회행사지시서의 발행번호를 기입한다.

❷ 행사 날짜를 기입한다.

❸ 행사 단체명을 기입한다.

❹ 변경된 항목을 기입한다. 일반적으로 자주 변경되는 사항은 인원수(person), 행사장(function room), 날짜(date), 시간(time) 등이다.

❺ 변경 전의 수치 또는 내용을 기입한다.

❻ 변경 후의 수치 또는 내용을 기입한다.

6 월간 연회행사 예정표 작성

월간 연회행사 예정표(monthly banquet forecast)란 한달 단위의 연회행사를 한 · 두 장에 간략히 정리한 것으로써 G.M을 비롯한 관련 부서에서 연회행사를 일목요연하게 파악하기 위한 서식이다. 또한 판촉직원들이 호텔 외부에서 고객과의 상담을 할 때 연회예약실에 비치된 한 권뿐인 연회예약 장부를 들고 나갈 수 없으므로 이 예정표를 토대로 협의가 가능하다. 월간 연회행사 예정표는 일정 주기로 업데이트(up date)해야 하는데 대략 일주일 전후 단위이며, 행사의 변동이 많을 경우 그보다 짧아질 수 있다.

작성방법은 작성일로부터 한달 분량의 연회행사를 연회장별로 기록하여야 하는데, 해당 날짜 및 연회장에 행사명을 기입하고 행사명 옆에 괄호를 하여 시간 및 인원수 등의 특징을 표기하면 된다. 대연회장의 경우 A, B, C 전체를 모두 사용할 경우는 대연회장 전체 난에 표기하고, A, B, C 중에 한 · 두 개만 사용할 경우는 해당 칸에 표기하면 된다. 서식은 다음과 같다.

Monthly Banquet Forecast

Month of ______________

Date	Ballroom			○○○	△△△	□□□
	Ballroom A	Ballroom B	Ballroom C			
1	예) 홍길동 가족모임(12 : 00, 500명)					
2						
3						
4						
5						
6						
·	·	·	·	·	·	·
·	·	·	·	·	·	·
·	·	·	·	·	·	·
·	·	·	·	·	·	·
·	·	·	·	·	·	·
·	·	·	·	·	·	·
·	·	·	·	·	·	·
·	·	·	·	·	·	·
·	·	·	·	·	·	·
·	·	·	·	·	·	·
·	·	·	·	·	·	·
·	·	·	·	·	·	·
·	·	·	·	·	·	·
·	·	·	·	·	·	·
26						
27						
28						
29						
30						
31						

제3부

연회 서비스

제6장

연회장 기물 및 장비

제 6 장 연회장 기물 및 장비

1 연회장 테이블과 의자

1.1 연회장 테이블 및 의자의 종류

연회장의 테이블은 식사를 위한 용도뿐만 아니라 커피 브레이크 · 칵테일리셉션 등의 행사에서 음식이나 음료를 진열하는 용도로도 쓰인다. 테이블 및 의자의 종류, 규격, 용도는 다음 표와 같다.

표 6-1 연회장 테이블 및 의자의 종류 및 용도

종 류	규격	용도
대형 라운드 테이블 (large round table)	지름 : 183cm(72″) 높이 : 75cm	스타킹 체어 사용 시 10~12인 식사용
중형 라운드 테이블 (middle round table)	지름 : 153cm(60″) 높이 : 75cm	스타킹 체어 사용 시 8~10인 식사용(암 체어 사용 시 6인)
소형 라운드 테이블 (small round table)	지름 : 137cm(54″) 높이 : 75cm	스타킹 체어 사용 시 6인 식사용 (암 체어 사용시 4인)

종 류	규격	용도
직사각형 테이블 (rectangular table)	76cm×153cm×75cm (H)	식사용, 등록 데스크 및 헤드 테이블
세미나 테이블 (seminar table)	45cm×180cm×75cm (H)	회의용
정사각형 테이블 (square table)	76cm×76cm×75cm (H)	사각 모서리를 처리할 때 사용
반원 테이블 (half round table)	153cm	사각형 테이블에서 타원형을 만들 때 사용하거나 벽에 붙여 음식이나 기물을 올려놓을 때 사용
초승달형 테이블 (crescent table)		칵테일리셉션 등에서 음식을 배열할 때 쓰는 테이블
쿼터 라운드 테이블 (quarter round table)		1/4원형 테이블로 사각 모서리를 처리할 때 사용
스타킹 체어 (stacking chair)		여러 개 겹쳐서 보관할 수 있는 의자
암 체어(arm chair)		팔걸이가 있는 의자

■라운드 테이블

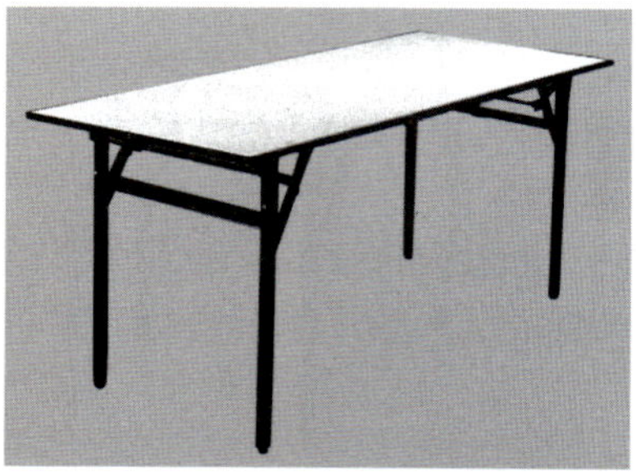

■직사각형 테이블

■세미나 테이블

■반원 테이블

■초승달형 테이블

■쿼터 라운드 테이블

■스타킹 체어

■스타킹 체어 카터

■연회장의 테이블 및 의자 종류

1.2 연회장 테이블 및 의자의 취급

(1) 테이블의 취급

❶ 테이블은 행사의 성격에 맞게 사용하고, 무리한 충격을 주지 않아야 하며, 사용 용도 이외는 사용하지 않는다.

❷ 테이블을 운반할 때는 장갑을 착용한다.

❸ 라운드 테이블의 경우 왼손으로 테이블이 넘어지지 않도록 받치고 오른손으로 굴린다.

❹ 벽, 문 등에 부딪히지 않도록 하며, 주위를 잘 살펴 운반한다.

❺ 많은 양의 직사각형 테이블을 운반할 때는 카트를 이용한다.

❻ 테이블을 펼 때는 왼손으로 받치고 오른손으로 다리를 펴는데, 접혀져 있는 철제 다리가 완전히 펴지는 금속소리가 나야 한다.

❼ 라운드 테이블은 세워서 보관해야 하고, 미끄러지지 않도록 바닥에 카펫을 깐다. 직사각형 테이블은 눕혀서 보관해도 무방하다.

❽ 테이블을 대량으로 운반할 때는 테이블 트롤리를 사용한다.

■Flat Table Trolley

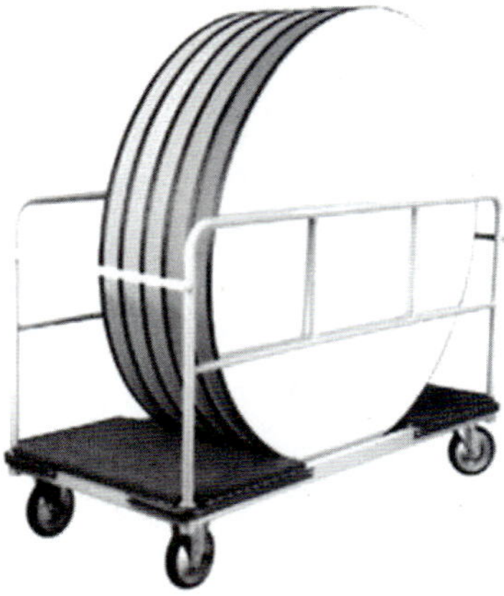

■Round Table Trolley

■Table Trolleys

(2) 의자의 취급

❶ 무리한 충격을 주지 않아야 하며, 사용용도 이외는 사용하지 않는다.

❷ 이물질이 묻어 있는지 체크하고 항상 청결을 유지한다.

❸ 쿠션이 마모되었거나 흔들리는 의자는 수리를 요청한다.

❹ 스타킹 체어는 10개 이상 쌓지 않는다.

❺ 암 체어를 운반할 때는 끌지 않도록 하며, 특히 팔걸이 부분을 조심하고 포개어 보관하지 않는다.

2 린넨류

2.1 린넨의 종류와 용도

연회장에서 사용되는 린넨류는 테이블 클로스, 러너(runner), 냅킨 그리고 일명 스커트(skirt)라고 불리는 드레이프(drape), 스타킹 체어 커버(stacking chair cover) 등이 있다. 종류별 규격 및 사용 용도는 다음과 같다.

표 6-2 린넨류의 종류와 용도

종 류	규격(cm)	용도
테이블 클로스 (식사용)	210×210	소형 라운드 테이블용(칵테일리셉션 테이블 등)
	245×245	중형 라운드 테이블의 식사용
	270×270	대형 라운드 테이블의 식사용
	230×280	직사각형 테이블의 식사용
테이블 클로스 (회의용)	244×137	세미나 테이블에 사용하며, 녹색의 펠트(felt)로 되어 있다.
러너(runner)	폭은 20~30cm, 길이는 테이블 클로스와 동일	고급 정찬 테이블 중앙에 데코레이션을 위하여 까는 색 띠
천냅킨(napkin)	52×52	고객 식사용
드레이프(drape)	길이 : 다양 높이 : 75	헤드 테이블, 등록데스크 등의 앞면에 두르는 주름 치마 형태로 고객의 다리를 보이지 않도록 막아주는 역할을 한다. 일명 스커트(skirt)라고도 한다.
스타킹 체어 커버 (stacking chair cover)	의자의 크기에 맞게	고급 정찬 분위기를 위하여 스타킹 체어에 덮어씌우는 커버

■ 테이블 중앙의 러너

■ 스타킹 체어 커버
(stacking chair cover)

■ 천냅킨(napkin)

■ 린넨류

2.2 린넨 취급 시 주의사항

❶ 테이블 클로스는 크기와 용도에 맞게 사용한다.

❷ 오물이 묻었거나 구멍이 난 것은 사용하지 않는다.

❸ 테이블 클로스 등의 린넨은 구김살이 없도록 깨끗하게 펴 있는 상태를 유지한다. 접은 부분이 구김이 갔을 때는 물을 뿌려 반듯하게 한다.

❹ 냅킨은 고객의 식사용으로만 사용하고, 기물을 닦는 크린닝 타월(cleaning towel)로 사용하지 않는다.

❺ 린넨은 종류별, 색깔별로 잘 정리하여 보관한다.

❻ 러너는 테이블 끝에서 25cm 정도 떨어지는 정도가 적당하다.

2.3 냅킨 접는 법

(1) 극락조(Bird of Paradise)

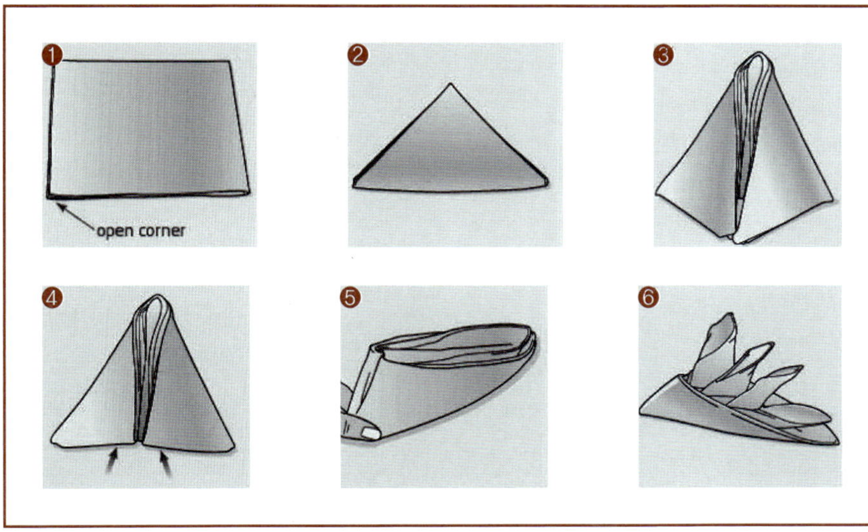

(2) 백합장식(Fleur-de-Lis)

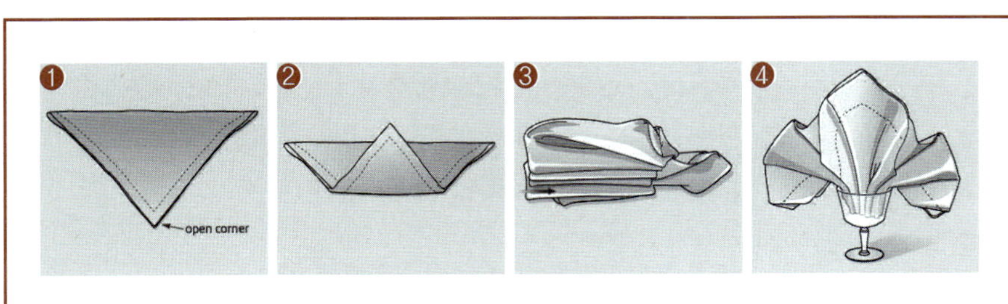

(3) 다이아몬드 지갑(Diamond Pocket)

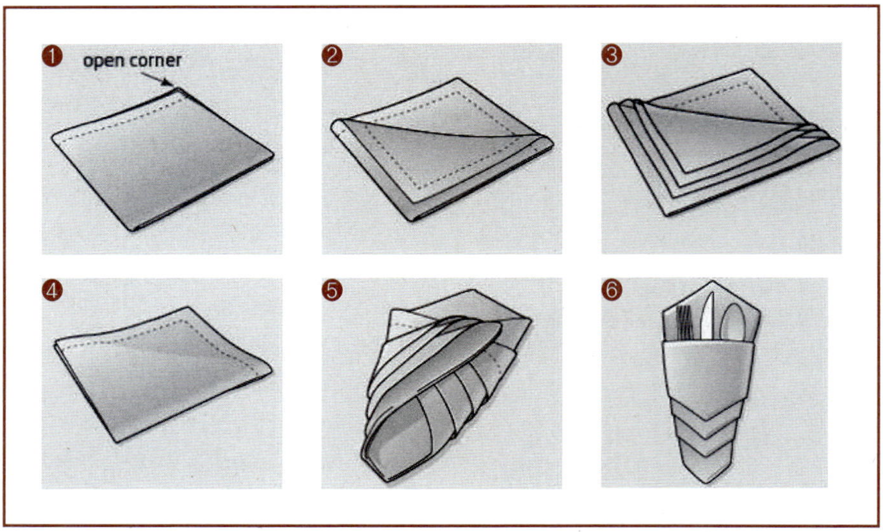

(4) 장미꽃 봉우리(Rosebud)

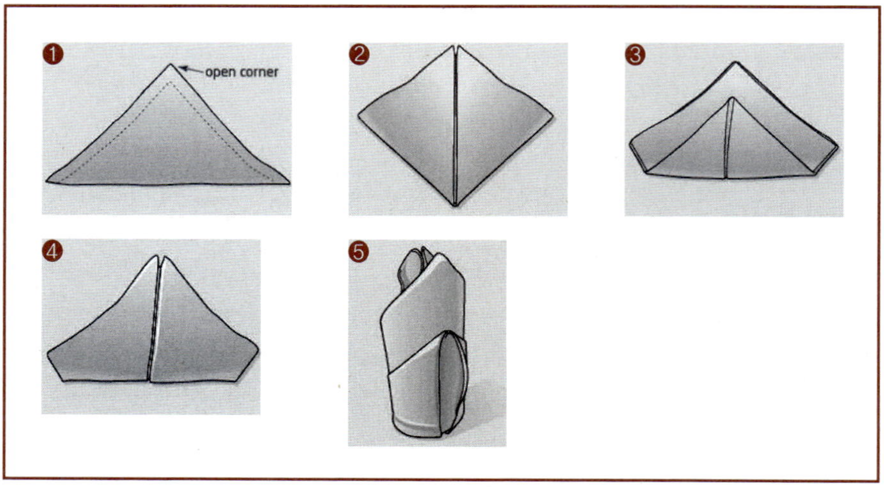

(5) 장미(Rose)

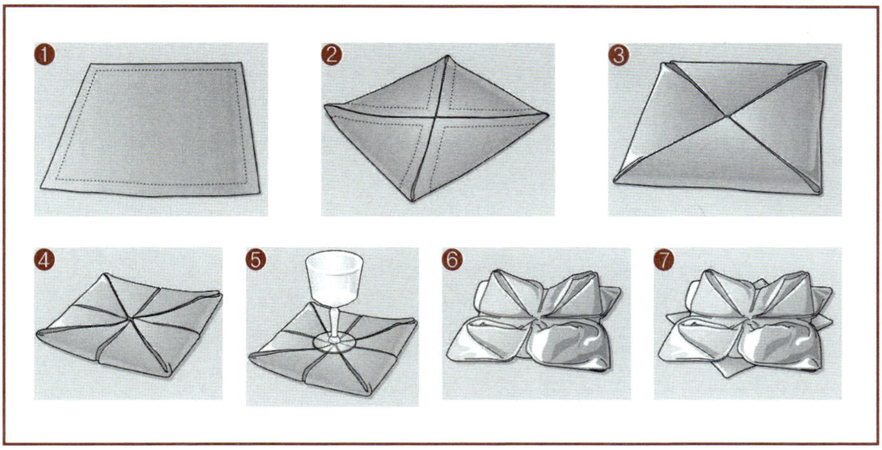

(6) 잔 속의 부채(Fan in Glass)

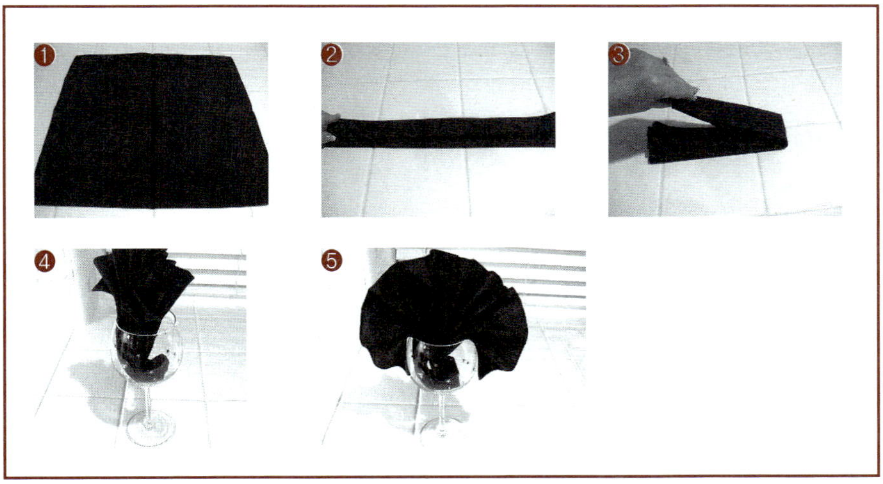

(7) 부채(Fan)

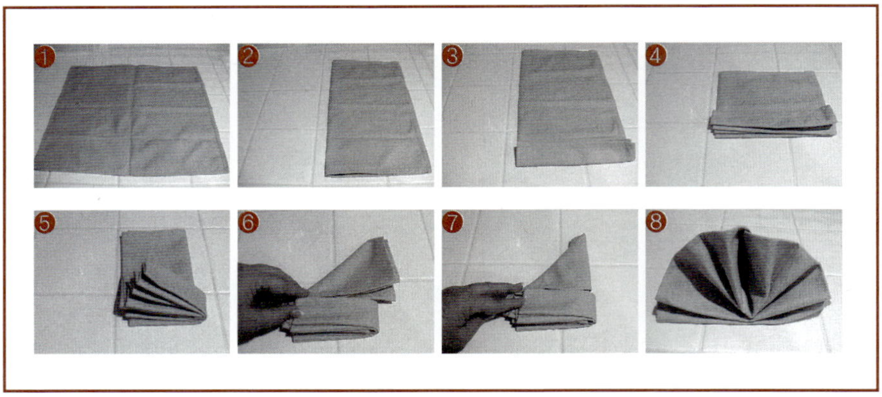

(8) 왕관(Crown)

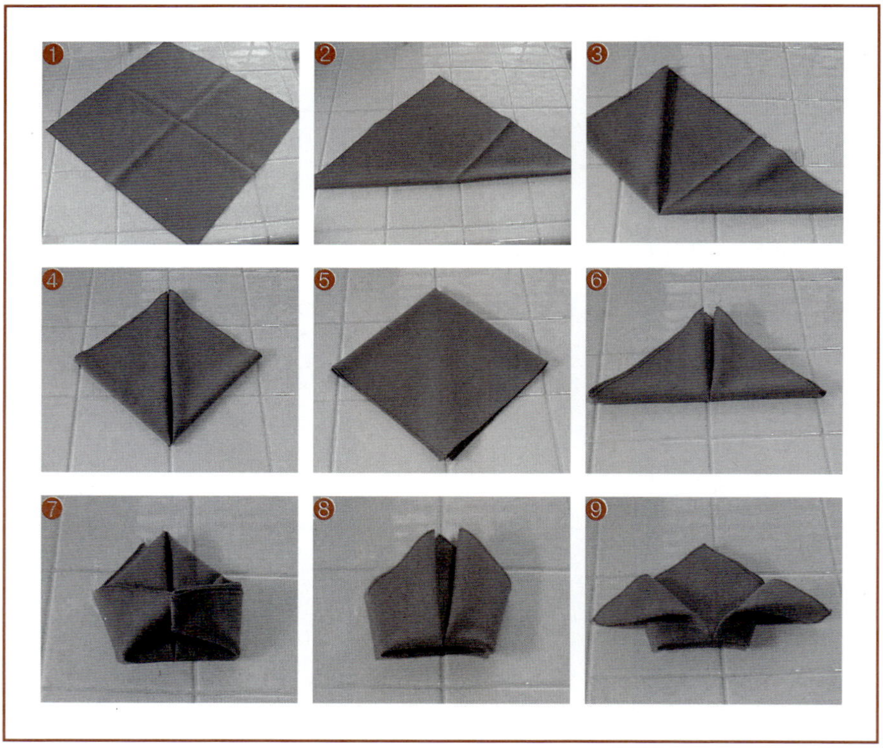

(9) 초(Candle)

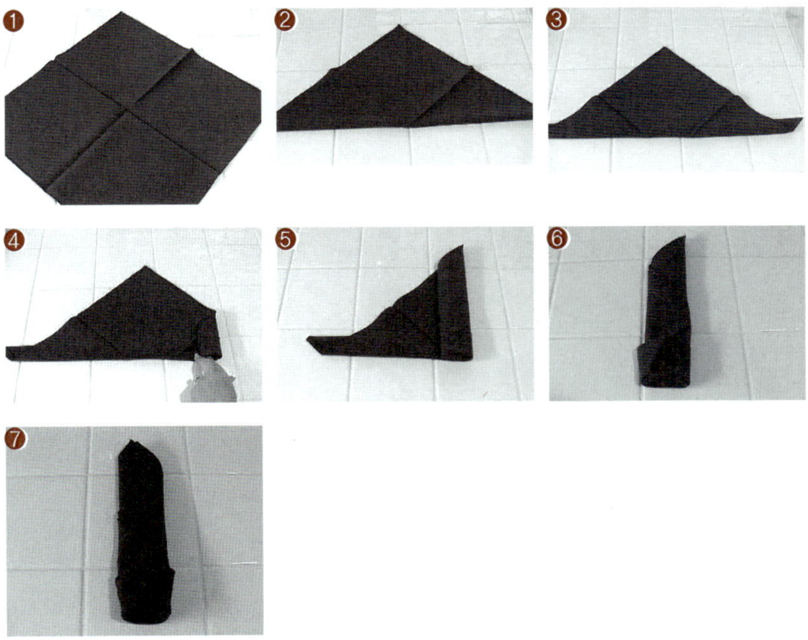

(10) 피라미드(Pyramid)

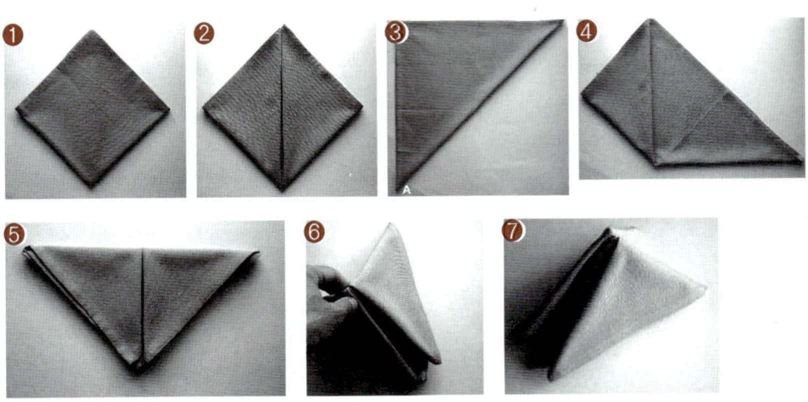

(11) 추기경 모자(Bishop's Hat)

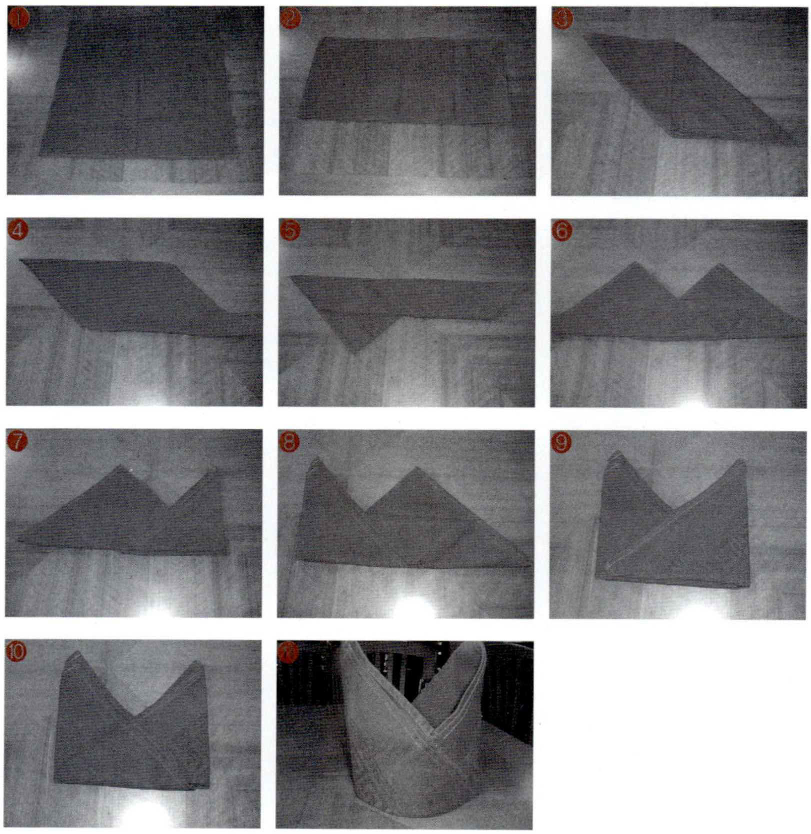

3 은기류

3.1 은기류의 관리 및 취급

(1) 은기류의 관리

은기류(silver ware)는 순은제와 은도금의 두 종류가 있는데, 대부분의 호텔에서는 은도금 기물을 사용하고 있다. 은도금은 관리를 잘 해야 하는데, 대체품으로 스테인레스(stainless)를 사용하기도 한다. 나이프, 포크, 스푼 등과 같은 테이블용 은기물을 커트러리(cutlery)라고 한다.

사용된 은기물이 나오면 뜨거운 물에 세척액을 사용하여 충분히 씻어 낸 후 클리닝 타월(cleaning tower)을 이용하여 닦는다. 때 잘 닦이지 않으면 뜨거운 물을 용기에 담아 수증기에 쏘이면 잘 닦인다. 만약 닦아도 녹이 슨 부분이나 오점이 있는 은기물은 별도의 약품 처리를 하여 관리한다.

(2) 은기류의 취급요령

나이프, 포크 등과 같은 은기물을 테이블에 세팅할 때는 은기물을 잡은 부분에 지문이 남지 않도록 한다. 즉 은기물을 잡을 때는 손가락을 세워 은기물의 목부분을 모로 잡아야 한다. 만약 음식이 닿는 쪽이나 넓은 면 부분에 잡게 되면 지문이 남게 된다.

그림 6-1 은기물 잡는 요령

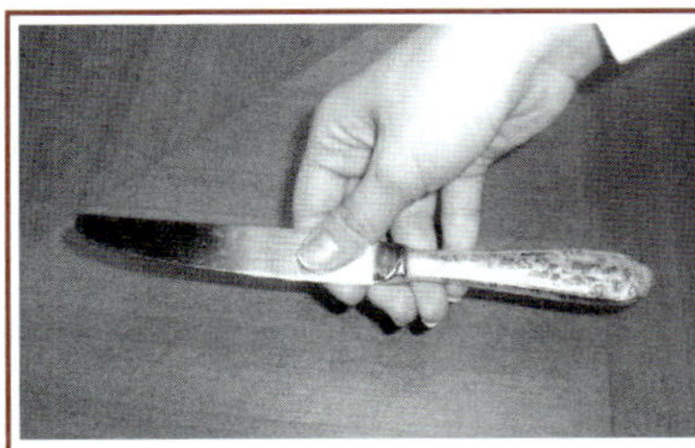

(X)

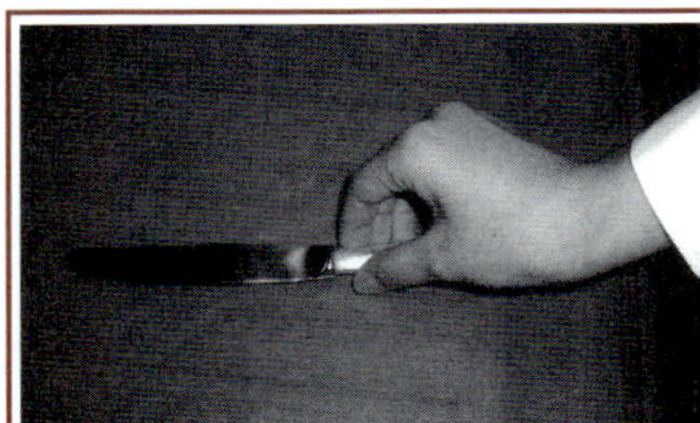

(O)

3.2 은기류의 종류

(1) 나이프/포크/스푼류

식사에 필요한 나이프(knife), 포크(fork), 스푼(spoon)류의 종류와 명칭은 다음 그림과 같다.

※ Table Spoon은 일반적인 수프를 먹을 때 사용하는 스푼이며, Table Folk와 Table Knife는 육류(meat)를 먹을 때 사용하는 기물이다.

❶ Dessert Fork	❺ Steak Knife	❾ Soup Spoon
❷ Salad Fork	❻ Fish Knife	❿ Tea Spoon
❸ Fish Fork	❼ Butter Knife	⓫ Iced Beverage Spoon
❹ Dinner Fork	❽ Dinner Knife	⓬ Demitasse Spoon

(2) 기타 은기류

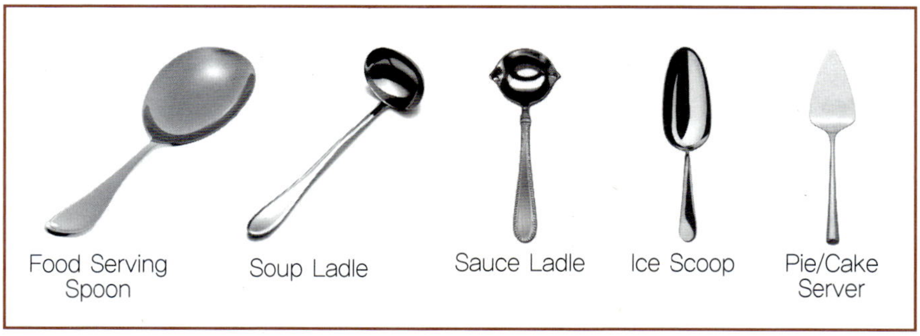

Spaghetti Tong
Food Serving Tong
Ice Tong
Food Serving Tong
Wine Basket & Stand
Numbering Stand
Peanut Stand
Water Pitcher
Coffee Pot
Sauce Boat
Platter/Food Tray
Punch Bowl
Chafing Dish

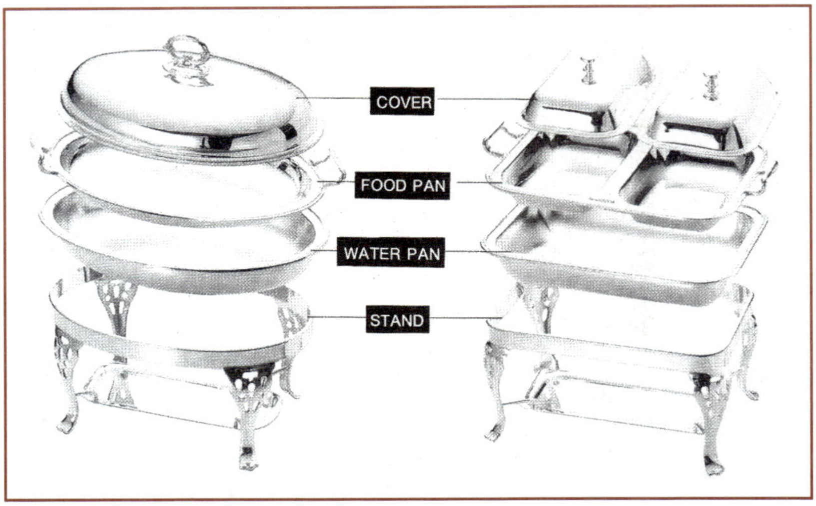

■세핑 디쉬(chafing dish) 명칭

4 도기류

4.1 도기류(china ware)의 서비스

(1) 서브할 때

- 접시에 오점이나 이가 빠진 것은 사용하지 않는다.
- 접시를 쥔 손의 엄지손가락이 접시의 안쪽 선을 넘어서는 안 된다.
- 접시에 로고가 있을 경우 고객이 보았을 때 바로 보여야 한다.
- 접시를 드는 요령은 다음 그림과 같다.

그림 6-2 한 손에 2개를 들 때

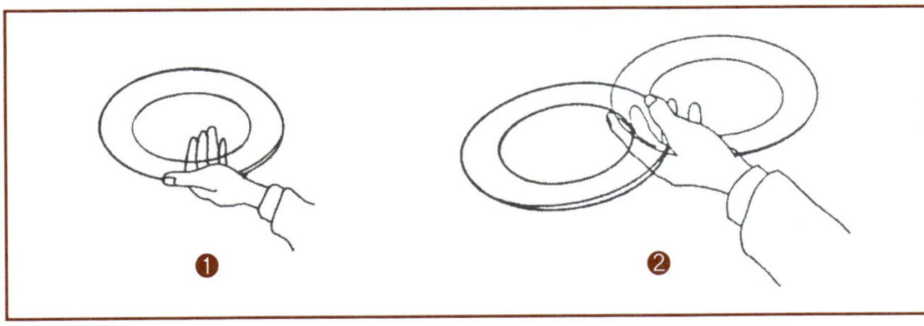

그림 6-3 한 손에 3개를 들 때

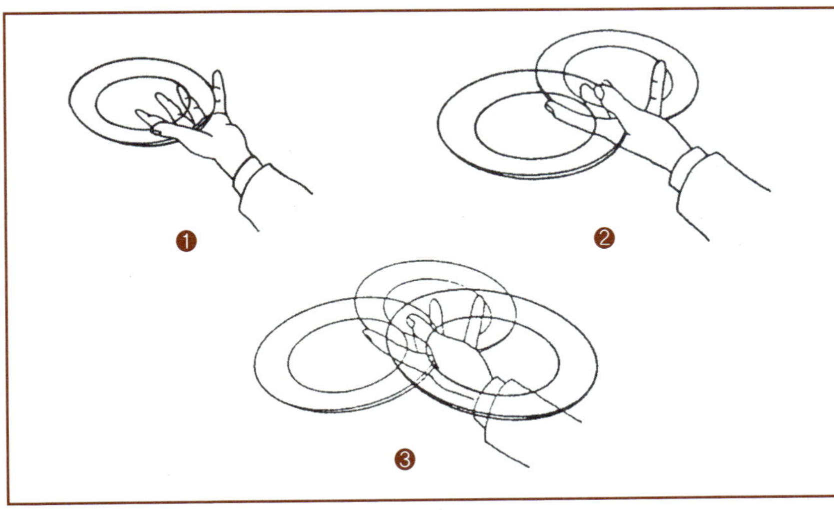

(2) 제거(take out)할 때

- 식사가 끝난 접시 한 개를 왼손에 들고 포크를 엄지손가락으로 누른다.
- 그 접시의 나이프를 포크 밑에 열 십자 모양으로 끼운다.
- 두 번째 접시를 〈그림 6-2〉와 같이 손에 올린다.
- 두 번째 접시의 나이프를 첫 번째 포크 밑으로 끼운다.

• 두 번째 접시의 포크로 남은 음식을 첫 번째 접시에 쓸어 내린 다음 그 포크는 첫 번째 포크 밑으로 끼운다.
• 세 번째 접시를 두 번째 빈 접시에 올린다. 나이프와 포크 처리는 두 번째의 경우와 같다.

4.2 도기류의 종류

도기류의 종류와 명칭은 다음 그림과 같다.

❶ Dinner Plate ❷ Breakfast Plate ❸ Dessert Plate ❹ Soup Bowl
❺ Tea Pot ❻ Sauce Boat ❼ Coffee Cup ❽ Soup Tureen
❾ Salt & Pepper ❿ Oval Plate

5 글라스류

5.1 글라스류 서비스 및 취급요령

(1) 글라스류(glass ware) 서비스

- 글라스는 취급 시 깨지기 쉬우므로 상당한 주의와 안전을 요한다.
- 고객이 입을 대고 마시는 글라스의 상단부분을 잡아서는 안 되고 하단부분을 잡아야 한다.
- 목이 있는 글라스는 목을 잡고 서비스한다.
- 글라스 안으로 손가락을 넣어서도 안 된다.
- 트레이로 운반 및 서비스할 때는 미끄러지지 않도록 글라스의 하단부분을 손가락으로 고정시켜도 좋다.
- 금이 가거나 얼룩이 진 글라스는 절대 사용해서는 안 된다.
- 많은 양의 글라스를 운반할 때는 컵 받침부분을 손가락에 끼워 옮긴다.

그림 6-4 **글라스 취급요령**

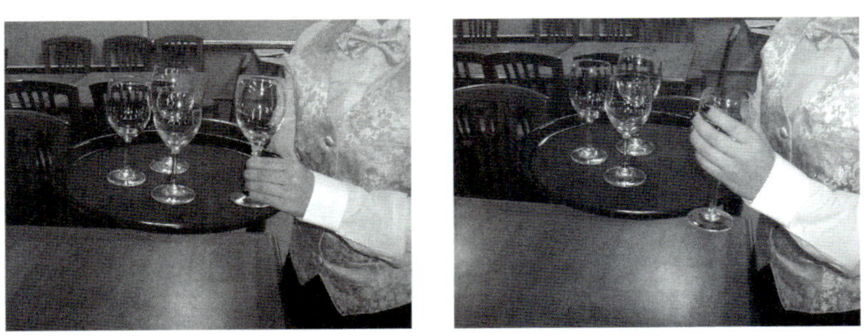

(O) (X)

(O)

(X)

(2) 글라스를 닦는 요령

- 글라스 랙(glass rack)을 사용하여 세척기에서 세척한다.
- 용기에 뜨거운 물을 준비한다.
- 세척된 글라스를 뜨거운 물의 수증기에 쏘인다.
- 크리닝 타월(cleaning towel)을 왼손에 얹고 그 위에 닦을 글라스를 올린다.
- 크리닝 타월(cleaning towel)의 한쪽 부분을 글라스 안으로 넣고 엄지손가락을 넣어 돌려 가면서 닦는다.

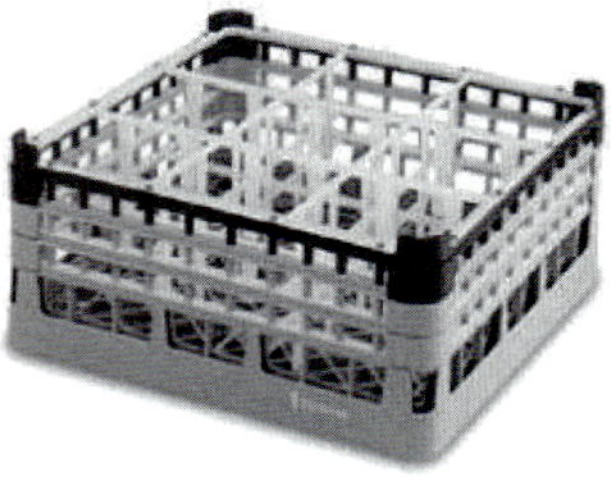

■글라스 랙(glass rack)

- 닦은 글라스를 밝은 쪽으로 들어 올려 잘 닦였는지 확인한다.

5.2 글라스류의 종류

❶ 위스키 잔(Whisky Glass)

위스키 그 자체를 마시기 위한 잔으로서 스트레이트(Straight) 잔이라고도 한다. 싱글과 더블이 있으며, 용량은 싱글이 30ml, 더블은 60ml가 표준이다.

❷ 올드 패션 잔(Old Fashioned Glass)

일명 온 더 락 잔(on the rock)이라고도 하며, 얼음을 넣고 위스키를 부어서 마실 때 주로 사용된다. 표준용량은 180ml이며, 그 이상의 용량도 있다.

❸ 텀블러 잔(Tumbler)

일명 하이볼 잔(Highball Glass)라고 하며, 주로 양이 많은 롱 드링크(Long Drink)의 칵테일을 낼 때 사용된다. 용량은 보통 240ml 정도이나 더 이상의 것도 있다.

❹ 칵테일 잔(Cocktail Glass)

삼각형 모양으로 생긴 잔으로 주로 알코올도수가 높은 숏 드링크(Short Drink)의 칵테일을 낼 때 사용된다. 용량은 75ml가 표준이나 그 보다 작거나 큰 것도 있다.

❺ 리큐르 잔(Liqueur Glass)

리큐르를 마실 때 사용하는 잔으로 용량은 30ml 정도이다. 보드카나 럼 등 스트레이트로 마실 때도 사용된다.

❻ 셰리 와인 잔(Sherry Wine Glass)

셰리 와인을 마실 때 사용하는 잔으로 용량은 60~75ml 정도이다. 리큐르 글라스와 와인 글라스 중간 크기이며, 위스키나 스피리츠(Spirits)를 스트레이트로 마실 때도 사용하기도 한다.

❼ 샴페인 잔(Champagne Glass)

샴페인을 마시기 위한 잔으로서 용량은 120ml 정도이다. 샴페인 잔은 입구 부분이 넓은 소서(Saucer)형과 가늘고 긴 플루트(Flute)형이 있다. 소스형은 샴페인을 빨리 마시고자 할 때 사용하고, 프라페(Frappe)나 프로즌(Frozen) 스타일의 칵테일 등에도 쓰이며, 플루트형은 탄산가스가 잘 빠져나가지 않으므로 식사용으로 천천히 마실 때 사용한다.

❽ 브랜디 잔(Brandy Glass)

브랜디를 마실 때 사용되는 잔으로서 용량은 240~300ml 정도이며, 튤립

모양을 하고 있다. 잔의 대소에 관계없이 브랜디의 양을 1온스(30ml) 정도 따르고 손의 체온으로 잔을 따뜻하게 감싸고 향기를 음미하면서 마실 수 있는 잔이다.

❾ 포트 와인 잔(Port Wine Glass)

포트 와인을 마시는 잔으로서 용량은 90ml 정도이다.

❿ 화이트 와인 잔(White Wine Glass)

화이트 와인을 마시는 잔으로서 용량은 90ml가 표준이나 120ml의 잔도 있다.

⓫ 레드 와인 잔(Red Wine Glass)

레드 와인을 마시는 잔으로서 용량은 화이트 와인 잔보다 큰 120~150ml 정도이다.

⓬ 고블렛 잔(Goblet Glass)

용량은 240~300ml 정도이며, 주로 물 또는 롱 드링크를 낼 때 사용된다. 물 잔을 'water goblet' 이라고 한다.

⓭ 사우어 잔(Sour Glass)

가늘고 긴 잔으로서 사우어를 한 칵테일을 낼 때 사용하는 잔으로서 용량은 120ml 정도이다.

⓮ 콜린스 잔(Collins Glass)

원통형의 대형 잔으로서 주로 양이 많은 롱 드링크를 낼 때 사용되며 용량은 360ml 정도이다. 키가 크므로 일명 톨 글라스(Tall Glass), 또는 굴뚝이란 뜻의 침니(Chimney) 글라스라고도 한다.

⑮ 마가리타 잔(Margarita Glass)

소서형의 샴페인 잔과 비슷한 형태인데 크기가 크며, 잔 바닥이 오목하게 들어간 부분이 있다.

⑯ 필스너 잔(Pilsner Glass)

원래 맥주전용 잔으로 사용하였으나 최근에는 롱 드링크 등의 칵테일용으로도 쓰인다. 용량은 240~360ml 정도이다.

6 기자재

연회장의 기자재는 일반 기자재, 회의행사에서 프리젠테이션 등을 위한 시청각(audio-visual equipment) 기자재, 조명 기자재 등으로 나눌 수 있다.

6.1 일반 기자재

일반 기자재의 종류와 용도는 다음과 같다.

표 6-3 **일반 기자재의 종류와 용도**

종류	용도
사인보드(sign board)	행사의 명칭, 시간, 장소 등을 표시한 안내판으로 행사 전 로비 및 연회장 입구에 설치하여 손님을 안내하는 역할을 한다.
플립 차트(flip chart)	일종의 괘도걸이로 종이를 집게에 꽂도록 되어 있으며 종이를 빼면 소형 화이트 보드가 된다. 주로 브리핑할 때 쓰이며, 회의장에 식순을 부착하기도 한다.
포디엄(podium)	스피치를 하기 위한 연단으로 마이크, 물 컵, 원고 등을 올려놓을 수 있다.

종류	용도
화이트 보드 (white board)	회의나 강연을 할 때 마크 펜으로 필기를 할 수 있으며, 연회장 입구에 설치하여 좌석표(table arrangement)를 부착하기도 한다.
이동식 무대 (portable stage)	조립식 무대로 높낮이를 조절할 수도 있다.
이동식 스크린 (portable screen)	이동을 할 수 있고, 접을 수 있는 스크린
댄스 플로어 (dance floor)	연회장의 바닥은 카펫으로 되어 있으므로 춤을 추기 위해서는 바닥에 조립식 목재로 된 댄스 플로어를 깔아야 한다.
플래트폼(platform)	일반 무대 및 패션쇼 등의 무대를 만들 때 사용되는 것으로서 높이는 20cm 단위로 1m까지 조절이 가능하다.
피아노(piano)	연회장에는 고객이 가져오기 힘든 그랜드 피아노와 이동식 피아노 등을 준비하고 있다. 피아노는 한 달에 한번 정도 조율하는 등의 관리가 필요하다.
넘버링 스탠드 (numbering stand)	번호 등의 표식을 꽂아 테이블 위에 올려놓는 것으로 테이블 번호를 알려주는 역할을 한다.

■ 사인 보드

■ 포디엄

■이동식 무대

■일반기자재

6.2 시청각 기자재

시청각 기자재의 종류와 용도는 다음과 같다.

표 6-4 시청각 기자재의 종류와 용도

종류	용도
마이크(microphone)	용도에 따라 포디엄(podium), 스탠드(stand), 핀(pin), 무선(wireless) 마이크 등이 있다.
노트북 PC	노트북 PC를 빔 프로젝터에 연결하여 프리젠테이션 내용을 스크린에 비추고자 할 때 사용하는 기자재
오버 헤드 프로젝터(OHP : Over Head Projector)	OHP용 필름을 올려 스크린에 보여 주는 기자재
슬라이드 프로젝트 (slide projector)	슬라이드용 필름을 하나씩 스크린에 보여주는 기자재
빔 프로젝터 (beam projector)	컴퓨터를 연결시키거나 비디오 테이프를 꽂아 스크린에 보여주는 기자재
레이저 포인터 (laser pointer)	스크린의 내용을 프리젠테이션할 때 레이저를 쏘아서 표시하는 기자재

종류	용도
비디오, DVD 플레이어	비디오, DVD의 영상을 보여주는 기계
TV 모니터 및 멀티비전	TV 모니터는 인치별, TV 종류(프로젝션, PDP, LCD)별로 다양하며, 멀티비전은 TV를 여러 개 붙여 놓은 것이다.
동시통역 시스템(SIS : Simultaneous Interpretation System)	동시통역사가 부스 안에서 통역을 하면 청중은 이어 폰(ear phone)을 통해서 자국의 언어로 들을 수 있는 기자재
무전기(walkie talkie)	음향 및 조명실과 행사장, 연회장 직원과 행사담당자, 연회장 직원 간 의사소통을 위하여 유용하게 사용된다.

6.3 조명 기자재

조명 기자재는 일반적으로 시설부 직원이 설치하거나 관리하는데, 연회장의 직원도 그 종류와 용도는 알고 있어야 원만한 연회행사를 진행할 수 있다.

표 6-5 조명 기자재의 종류와 용도

종류	용도
핀 스포트 라이트(pin spot light)	아이스카빙(ice carving) 등의 한 목적물에 고정시켜 사용하는 조명기구
롱 핀 스포트 라이트(long pin spot light)	주위를 어둡게 하고, 무대 위의 주인공을 중심으로 비춰주는 조명기구
보더 라이트(border light)	무대 위의 천장에 둘러 싼 조명기구
허라이즌탈 라이트(horizontal light)	무대 위쪽에 수평으로 연결된 조명기구
미러 볼(mirror ball)	무대 위에서 돌아가는 공모양의 조명기구
스트로브 라이트(strobe light)	섬광을 내는 조명기구
렉턴(lectern)	실내에 소등을 하고 사회석의 포디엄 위에만 불을 밝히는 스탠드형의 전등

7 소품 및 비품

연회장의 테이블 및 의자, 린넨, 기자재 외에 식음료를 서비스하기 위한 도기류(china ware), 실버류(silver ware), 글라스류(glass ware)는 일반 레스토랑과 같이 갖추어져 있고, 그 밖에 연회행사 진행을 위하여 다양한 소품 및 비품을 준비하고 있다.

7.1 병풍

(1) 병풍의 종류와 용도

병풍은 VIP석이나 헤드 테이블 뒤에 세워두는 소품으로 역할을 하며, 연회장 안이나 통로 등에 의자나 테이블을 막거나 음식 테이블을 막았다가 식사 때 거두는 파티션(partition)으로도 유용하게 쓰인다. 병풍의 종류와 규격 그리고 사용 용도는 다음과 같다.

표 6-6 **병풍의 종류와 용도**

순위	종류	규격	용도
1	송학(그림)	203×12폭	VIP용
2	송학(그림)	195×10폭	VIP 병풍의 좌우 연결용
3	송학(그림)	182×8폭	VIP 병풍의 좌우 연결용
4	산수화	203×12폭	리셉션 라인 또는 약혼식
5	산수화	195×10폭	리셉션 라인 또는 약혼식
6	송학(자수)	203×12폭	장수연, 약혼식
7	송학(자수)	182×8폭	장수연, 약혼식 좌우 연결용
8	봉황(자수)	182×12폭	장수연
9	십장생	182×10폭	일반 행사용
10	매화	160×8폭	일반 행사용
11	공작	160×8폭	일반 행사용

(2) 사용방법 및 취급

❶ 용도에 맞게 사용한다.

❷ 무리한 힘을 가하기 않도록 한다.

❸ 사용 후에는 반드시 제 위치에 갖다 놓는다.

❹ 습기가 많은 곳에 보관하지 않는다.

❺ 그림부분에 손을 대거나 발로 차지 않는다.

❻ 설치할 곳의 정중앙에 세워놓고 좌우로 펼친다.

7.2 플라워

(1) 연회장 꽃장식의 의의

꽃꽂이란 자연 속에 피어 있는 꽃을 실내 공간으로 옮겨 자연의 전형미를 창출한 하나의 예술이다. 연회장의 꽃장식은 연회의 목적과 성격에 맞게 꽃을 선택하고 장식되어야 하며, 온화하고 화사한 분위기를 조성할 수 있는 꽃을 사용하도록 한다.

플라워는 테이블의 센터피스(centerpiece)로 분위기를 창출할 뿐만 아니라 연회장 내를 장식하는데 유용하게 쓰이는 소품이며, 꽃과 함께 사용되는 소품으로는 초 등을 들 수 있는데, 촛불은 분위기를 낼 뿐만 아니라 잡냄새를 제거하는 역할을 하기도 한다. 꽃꽂이 외에 화분(plants)도 연회장의 공간을 장식하는 좋은 소품으로 사용되고 있다.

호텔의 연회장에서 사용하는 꽃은 조화를 쓰지 않고 대부분 생화를 쓰는데, 관리와 비용이 소요된다는 점에서 다소 어려운 점이 있다. 꽃꽂이는 연회장에서 신청하면 호텔 내의 플라워 숍에서 만들어 제공하지만 유지 · 관리는 연회장 직원이 담당한다. 꽃장식의 종류와 용도는 다음과 같다.

표 6-7 **꽃장식의 종류와 용도**

종류	용도
심플 플라워	꽃병에 한 송이 정도의 꽃을 꼽는 것으로 보통의 식사 테이블에 사용한다.
수반	헤드 테이블이나 고급의 식사 테이블에 사용한다.
사방화	약혼식 등의 헤드 테이블에 사용한다.
꽃바구니	결혼식 등의 무대 주변에 장식한다.
특별장식	결혼식이나 특별히 행사장 데코를 위하여 제작하는 꽃꽂이

■꽃과 초를 이용한 테이블 센터피스

(2) 꽃장식에서 유의할 점

❶ 테이블에 놓는 꽃은 테이블에 앉은 고객끼리 상대방을 바라보는데 지장이 없을 정도의 높이여야 한다.

❷ 향기가 너무 강한 꽃이나 꽃가루가 떨어질 수 있는 것은 사용하지 않는다. 꽃의 짙은 향기는 요리의 향미를 잃게 하고, 꽃가루는 음식 및 테이블에 떨어질 우려가 있다.

❸ 시든 꽃이나 말린 꽃은 사용하지 않는다.

❹ 연회장 직원 중에서 꽃 관리 담당자를 두어 주기적으로 관리 · 유지하도록 한다.

7.3 리셉션 기물 및 문구류

(1) 리셉션 기물

리셉션에서 사용되는 기물로는 리셉션 라인을 지켜주는 차단 봉, 리셉션 라인 통로에 깔아주는 레드 카펫(red carpet), 가위(색 테이프 커팅용), 흰 장갑, 색 테이프 등이 있다.

(2) 문구류

문구류로는 방명록, 메모지, 볼펜, 문구함(필통), 투명 플라스틱 명패 홀더(place card holder) 및 용지, 투명 플라스틱 명찰 홀더(name tag holder) 및 용지, 개별 메뉴 홀더(individual menu holder) 등이 있다.

고급 정찬의 경우 미니 메뉴(mini menu)라고 불리는 개별 메뉴(individual menu)를 테이블 위에 세팅하는데, 참석들이 그것을 보면서 음식을 즐기기 위한 것이다. 미니 메뉴는 일정한 양식의 종이에 제공될 메뉴를 프린트하여 홀더에 끼워 세팅한다.

■미니 메뉴(mini menu)의 세팅

7.4 기타

세계 각국의 국기로 데스크용 · 스탠드형 · 벽부착용 등이 있고, 회의진행에 필요한 의사봉, 추첨함(lottery box) 등도 연회장에 준비되어 있으며, 또한 이벤트를 연출하기 위한 포그(fog), 드라이 아이스, 비누방울, 스노우(snow) 머신 등도 있다. 특히 국가 간의 행사에서 연회장에 태극기와 외국기와 나란히 부착하는 경우가 있는데, 태극기가 왼쪽에 외국기가 오른쪽에 오도록 한다.

그림 6-1 **태극기와 외국기의 게양**

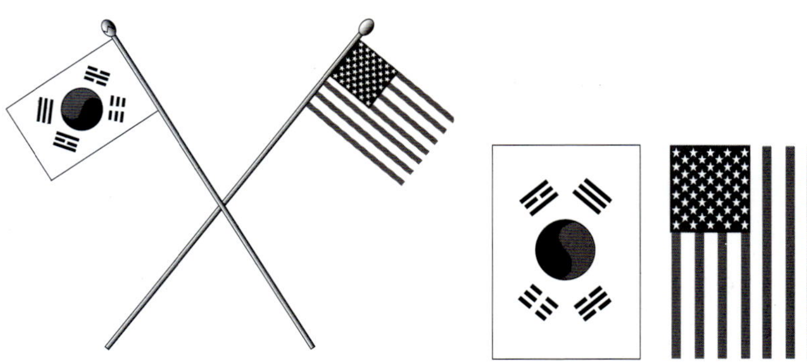

■교차할 때 ■벽에 부착할 때

■게양 국기가 홀수일 때 태극기의 위치

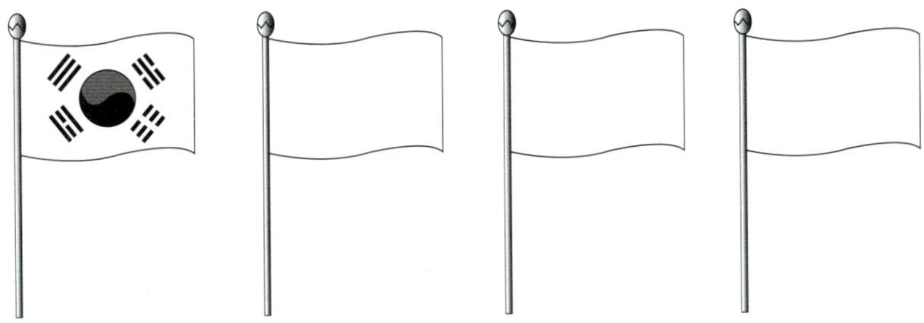

■게양 국기가 짝수일 때 태극기의 위치

제7장

연회 서비스의 기초

제7장

연회 서비스의 기초

1 연회 서비스의 개념

1.1 연회 서비스의 개요와 중요성

(1) 연회 서비스의 개요

연회 서비스는 연회예약에서 넘겨준 연회행사지시서의 내용을 현장에서 집행하는 부서이다. 연회 서비스는 일반 레스토랑과는 달리 고객의 요구사항에 따라 사전에 테이블 세팅 등을 통하여 고객이 식사 또는 회의를 할 수 있도록 연회장을 꾸며야 하고, 고객이 참석하면 식사 등의 서비스를 해야 하며, 행사가 끝나면 다시 연회장을 깨끗이 치워야 하는 등 한 번의 고객 서비스를 위하여 많은 시간과 노력이 필요한 부서이다.

또한 연회 서비스의 직원은 연회장에서 모든 종류의 식사가 가능하다는 점에서 한 · 중 · 일 · 양식의 테이블 세팅 및 서비스가 가능해야 하고, 연회장의 기물 및 장비는 물론 회의에 필요한 각종 기자재를 다룰 줄도 알아야 한다. 이와 같이 연회장 직원은 무에서 유를 창조하고, 식음료를 비롯한 토털 서비스(total service)를 수행하는 전문가로서 연회 서비스 지배인을 중심으로 일사불란한 팀워크를 구축하여 행사 준비에서부터 마무리까지 완벽을 기해야 한다.

(2) 연회 서비스의 중요성

연회예약실과 연회판촉부서에서 연회행사를 아무리 잘 유치하여도 당일 연회 서비스에서 대고객 서비스에 문제가 발생한다면 다음 연회행사를 유치하는데, 어려운 점이 따른다. 일반적으로 고객이 서비스를 구매하여 만족하게 되면 재구매로 이어지고, 고정고객을 확보할 수 있으며, 주변에 좋은 구전을 전파하여 신규고객도 창출되어 결국 매출이 증대된다.

■연회장 직원은 무에서 유를 창조하는 마술사와 같다.

그러나 불만족하게 되면 재구매가 중단되어 고객을 상실하게 되고, 나쁜 구전을 주변에 전파함으로써 잠재고객까지도 상실되므로 매출의 감소를 가져다 준다. 따라서 연회 서비스 직원은 고객만족 서비스를 위하여 투철한 사명과 서비스정신이 요구된다.

1.2 연회 서비스의 직무

(1) 연회 서비스 지배인(banquet service manager)

- 연회장의 대고객 서비스를 책임진다.
- 연회예약 및 연회판촉과 유기적으로 연락 및 회의를 하여 행사준비 및 진행에 차질이 없도록 한다.
- 연회행사지시서(BEO; Banquet Event Order)를 토대로 주간, 월간 준비 계획을 수립하고 직원들의 근무 스케줄 작성 및 업무분장을 한다. 스케줄을 짤 때는 가능한 한날에 휴무일이 몰리지 않도록 한다.
- 연회장의 캡틴(captain), 웨이터/웨이트리스(waiter/waitress), 실습생(trainee) 등의 부하 직원을 관리 · 감독하고 교육 · 훈련을 시킨다.
- 고객을 영접 및 환송하고 불편사항(complaint)을 처리한다.
- 주방과 연회장 직원 사이에 업무협조가 잘 되도록 조정 역할을 한다.
- 청소, 수선 등 관련 부서와의 업무협조가 잘 되도록 조정 역할을 한다.
- 연회장을 유지 · 관리한다.

Monthly Schedule

Dept.: Banquet Service Month : ① Prepared by : ②

Name	Title	1	2	3	4	5	6	7	…	…	…	26	27	28	29	30	31
		Su	Mo	Tu	We	Th	Fr	Sa				Th	Fr	Sa	Su	Mo	Tu
③	④	⑤															

❶ 해당 달(月)을 기입한다.

❷ 작성자의 성명을 기입한다.

❸ 연회장 직원이름을 지배인부터 순서대로 기입한다.

❹ 지배인부터 해당 직원의 직급을 기입한다.

❺ 해당되는 휴무일(day off) 난에 'off' 라고 표기한다.

(2) 연회장 캡틴(banquet captain)

- 연회 서비스 지배인을 보좌하고 부하직원을 지휘한다.
- 연회행사지시서를 토대로 행사준비 및 서비스에 만전을 기한다.
- 연회 서비스를 주도적으로 담당한다.
- 행사 후 고객의 계산을 처리한다.
- 행사 후 뒤처리와 사후 행사 스케줄에 따라 행사장을 준비한다.
- 일일매출과 업무일지(log book)를 작성한다. 업무일지는 당일 영업상황과 특이한 사항을 기록하여 부서장에게 문서로 보고하는 것이다. 작성방법은 다음과 같다.

Banquet Service Log Book

Date : ①

<table>
<tr><th>Name of Organization</th><th colspan="2">Cover</th><th colspan="2">Food</th><th colspan="2">Beverage</th><th>Other</th><th>Total</th></tr>
<tr><td>②</td><td colspan="2">③</td><td colspan="2">④</td><td colspan="2">⑤</td><td>⑥</td><td>⑦</td></tr>
<tr><td></td><td colspan="2"></td><td colspan="2"></td><td colspan="2"></td><td></td><td></td></tr>
<tr><td></td><td colspan="2"></td><td colspan="2"></td><td colspan="2"></td><td></td><td></td></tr>
<tr><td></td><td colspan="2"></td><td colspan="2"></td><td colspan="2"></td><td></td><td></td></tr>
<tr><td></td><td colspan="2"></td><td colspan="2"></td><td colspan="2"></td><td></td><td></td></tr>
<tr><td></td><td colspan="2"></td><td colspan="2"></td><td colspan="2"></td><td></td><td></td></tr>
<tr><td>Total ⑧</td><td colspan="2"></td><td colspan="2"></td><td colspan="2"></td><td></td><td></td></tr>
<tr><td>M.T.D ⑨</td><td colspan="2"></td><td colspan="2"></td><td colspan="2"></td><td></td><td></td></tr>
<tr><td>Y.T.D ⑩</td><td colspan="2"></td><td colspan="2"></td><td colspan="2"></td><td></td><td></td></tr>
<tr><td colspan="9">Comments : ⑪</td></tr>
<tr><td>Manager</td><td>⑫</td><td>Chef</td><td>⑬</td><td>Dir. of F/B</td><td>⑭</td><td>Exec. Chef</td><td colspan="2">⑮</td></tr>
</table>

❶ 연회행사 당일을 기입한다.

❷ 그날 있었던 연회행사의 단체명을 기입한다.

❸ 인원수를 기입한다.

❹ 음식 매출액을 기록한다.

❺ 음료 매출액을 기록한다.

❻ 대여료 등 식음료 이외의 기타 수입을 기입한다.

❼ 해당 행사의 가로 총계를 기입한다.

❽ 항목별로 세로 총계를 기입한다.

❾ Monthly to-date. 즉 해당하는 달(月)의 1일부터 현재까지의 누계를 기록한다.

❿ Year to-date. 즉 1월 1일부터 현재까지의 누계를 기록한다.

⓫ 특이 사항을 기록한다.

⓬ 연회 서비스 지배인이 서명한다.

⓭ 연회 주방장이 서명한다.

⓮ 식음료부장이 서명한다.

⓯ 총주방장이 서명한다.

(3) 연회장 웨이터(banquet waiter)

- 지배인이나 캡틴의 지시에 의하여 행사장 준비를 한다.
- 연회행사지시서에 의하여 테이블 배치 및 세팅 등을 한다.
- 고객에게 식음료서비스를 한다.
- 글라스, 도기류, 은기류 등을 닦고, 정리정돈을 한다.
- 연회장 테이블 및 의자 등의 기물을 정리정돈한다.
- 연회 기물 및 비품 등이 파손에 대해서는 보고를 하고 적절히 대처한다.

• 테이블 클로스 등의 린넨(linen)을 비롯한 물품을 수불한다.
• 음료를 적정재고(par stock)만큼 신청하여 보충한다.

1.3 연회 서비스 절차

연회의 준비에서 마감까지는 연회행사지시서에 의하여 진행하며, 크게 사전 준비 단계, 영접 및 서비스 단계, 사후 단계 등의 3단계로 구분한다. 특히 사전 준비 단계는 성공적인 연회 서비스를 위하여 많은 시간과 노력이 요구되는 단계인데, 역할 분담을 위한 미팅 → 테이블 플랜 확정 → 테이블 및 기자재 등 세팅 → 최종 점검의 순으로 한다.

그림 7-1 연회 서비스 절차

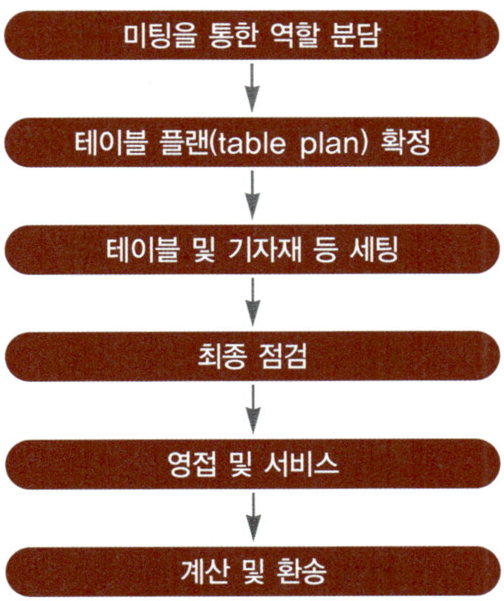

2 식공간 연출

연회 서비스 직원은 식공간 연출, 푸드 스타일링(food styling), 테이블 데코레이션(table decoration)에 대해서도 안목은 물론 지식도 있어야 한다. 연회장의 식공간 연출이란 연회장 내에서 음식을 배열하거나 테이블 세팅에 대한 연출을 말한다. 식공간을 연출하기 위해서는 콘셉트(concept)가 중요한데 다음과 같은 스타일이 있다.

2.1 클래식 스타일(classic style)

전체적으로 중후하고 고전적인 연출 형식으로서 주로 의식이 진행되는 공식적인 행사에 적합한 스타일이다. 전체적인 색상은 다소 짙은 색 또는 금색 계열이며, 클래식한 은기류 · 도기류 · 글라스류를 세팅한다.

2.2 엘레강스 스타일(elegance style)

우아하고 화려한 연출 형식으로서 주로 결혼식, 약혼식 등 파티에 어울리는 스타일이다. 전체적인 색상을 밝고 화려하며 주로 꽃으로 연출하는 것이 특징이다.

2.3 모던 스타일(modern style)

도시적이고 현대적인 감각의 연출 형식으로서 비즈니스 행사 등에 적합한 형식이다. 테이블 세팅은 심플하며, 색상은 주로 단조롭고 흑백의 조화를 강조하는 편이다.

2.4 캐주얼 스타일(casual style)

자유롭고 명랑한 연출형식으로서 편안하고 격식 없는 식사에 적합한 스타일이다.

2.5 로맨틱 스타일(romantic style)

로맨틱한 소품 등을 이용해 연출하는 형식으로서 부부동반이나 커플 등의 파티에 어울리는 스타일이다.

2.6 내추럴 스타일(natural style)

자연스럽고 편안한 연출형식으로서 녹색이나 브라운 계열의 색상을 이용하여 자연친화적인 느낌을 준다.

2.7 에스닉 스타일(ethnic style)

해당 지역의 토속적인 색상이나 소품 등을 이용하여 연출하는 기법이다.

3 테이블 플랜

3.1 테이블 플랜의 종류

(1) 라운드 테이블 배열(round table arrangement)

주로 많은 인원수가 식사를 할 때 필요한 테이블 배치이다. 테이블과 테이블의 간격은 3.3m 정도가 적당하며, 테이블을 종으로 여러 줄을 배열할 때는 무대를 중심으로 횡으로 앞줄을 고정한 다음 뒷줄부터는 테이블 사이로 어긋나게 배열하면 뒷줄 테이블에 앉은 사람들이 무대 쪽 시야를 보다 쉽게 확보할 수 있다.

일반적으로 식사를 하기 위한 스타일이지만 식사하기 전에 간단한 회의를 갖고자 할 때 별도의 회의장을 준비하는 것보다는 회의 후 그 자리에서 바로 식사로 연결하는 것이 연회장 활용에 있어서 효율적이다.

■ 라운드 테이블 배열(round table arrangement)

(2) 교실형 배열(school, classroom style)

45cm×153cm의 세미나 테이블을 이용하여 학교 교실처럼 설명을 듣고 필기를 할 수 있는 회의형태에 유용한 배열이다. 1개의 세미나 테이블에 3명이 앉도록 하며, 중앙에 복도를 마련할 때는 1.5m 정도의 간격을 유지한다.

■교실형 배열(school, classroom style)

(3) 극장식 배열(theater style)

■극장식 배열(theater style)

의자만을 배치하는 형태인데 의자와 의자 사이를 공간이라고 하고, 의자의 앞줄과 뒷줄 사이를 간격이라고 한다. 연설자의 연단 또는 테이블 위치가 정해지면 그로부터 2m 이상 정도 떨어진 곳에 첫 번째 의자 줄을 배치한다. 많은 의자를 배치할 경우 1.5m 넓이 정도의 통로복도를 적정하게 만들어 주어야 하고 의자의 줄을 바르게 하기 위해서 긴 줄을 이용하여 가로와 세로를 맞춘다.

(4) U자형(U-shape) 배열

주로 회의를 하거나 소수 인원이 식사할 때 많이 쓰이는 배열이며, 76cm×

153cm의 직사각형 테이블을 사용한다. 테이블 클로스는 양쪽이 균형있게 내려와야 하며, U자의 안쪽 부분에는 드레이프(drape)를 쳐서 다리가 보이지 않게 한다.

■ U자형(U-shape) 배열

(5) 리셉션(reception) 배열

스탠딩으로 리셉션할 때 쓰이는 배열로 의자는 없고 음식을 배열하는 테이블만 놓게 되는데, 여러 가지 형태의 테이블 모양을 만들 수 있다.

■ 리셉션(reception) 배열

(6) 기타 테이블 배치

T자형(T-shape) 배열 헤드테이블에 많은 인원이 앉을 때 유용한 배열이다.

I자형(I-shape) 배열 작은 인원이 회의나 식사를 할 때 유용한 배열이다.

타원형(oval shape) 배열 상석의 개념이 필요 없는 회의나 식사를 할 때 유용한 배열이다.

사각형(hollow, square shape) 주로 회의를 겸한 식사를 할 때 유용한 배열이다. 사각형 안쪽에는 들어갈 수 없으므로 의자를 바깥쪽으로만 배열한다.

V자형(V-shape) 배열 20명 이내의 인원이 프리젠테이션(presentation)을 할 때 많이 이용되는 배열이다.

■ I자형(I-shape) 배열

■ 타원형(oval shape) 배열

■ 사각형(hollow, square shape)

3.2 좌석의 배치

좌석의 배치는 주최 측과 의논이 되겠지만 명패 등을 테이블에 놓거나 명패가 없더라도 좌석에 안내할 때는 상석에 대한 의전에 유의해야 한다. 테이블 배치 및 위치에 대한 상석은 다음과 같다.

(1) 라운드 테이블에서의 상석

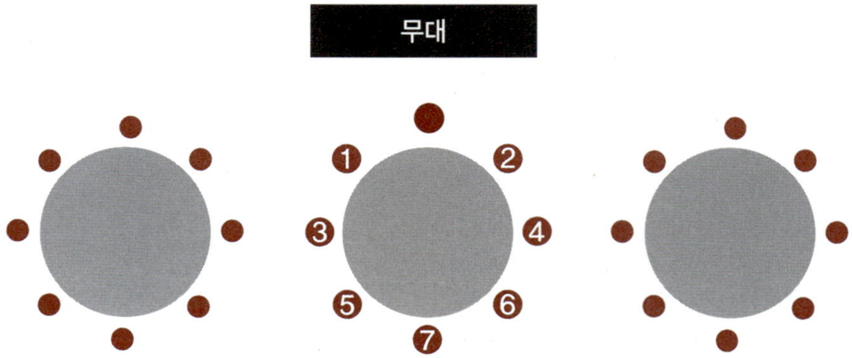

(2) 입구와 창 측을 고려할 때 상석

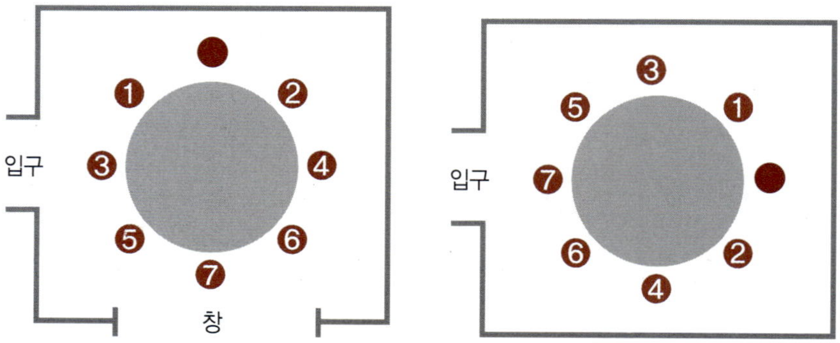

4 테이블 및 기자재 세팅

테이블 플랜에 의하여 테이블의 배치가 끝나면 다음과 같이 테이블 기물 및 기자재 등을 세팅한다.

4.1 식사 테이블 세팅

(1) 양식 풀코스의 테이블 세팅

식사를 위한 테이블 세팅은 사전에 예약된 메뉴 및 코스와 맞게 나이프나 포크 등을 세팅하는데, 일반적인 양식의 풀코스 세팅은 다음과 같다.

❶ 테이블 및 의자를 점검한다.

❷ 테이블 클로스를 깐다.

❸ 사람이 앉는 곳의 정중앙에 냅킨을 놓는다. 고급 정찬의 경우 쇼 플레이트(show plate)를 깔고 그 위에 냅킨을 놓는 경우도 있다. 이때 냅킨은 접힌 채로 누워 있는 상태이다.

❹ 육류용 나이프와 포크를 놓는다.

❺ 생선용 나이프와 포크를 놓는다.

❻ 수프 스푼과 샐러드 포크를 놓는다.

❼ 에피타이저 나이프와 포크를 놓는다.

❽ 비 · 비 플레이트(Bread & Butter plate)와 나이프를 냅킨 왼쪽에 놓는다.

❾ 디저트 스푼과 포크를 냅킨 위쪽에 놓는다.

❿ 육류 나이프 위에 물잔(water goblet)을 놓는다.

⓫ 소금과 후추(caster set) 병을 놓는다(10인용 라운드 테이블의 경우 두 세트를 놓는다).

⓬ 꽃병을 놓는다.

⓭ 테이블 세팅이 정확하게 되었는지 살펴보고 이상이 없으면 냅킨을 세운다.

테이블을 세팅할 때 나이프 포크 등의 은기류는 테이블 끝 선 1cm 위에서 수평을 유지하고, 기물과 기물 사이의 간격도 1cm 이내를 유지하는 것이 좋다.

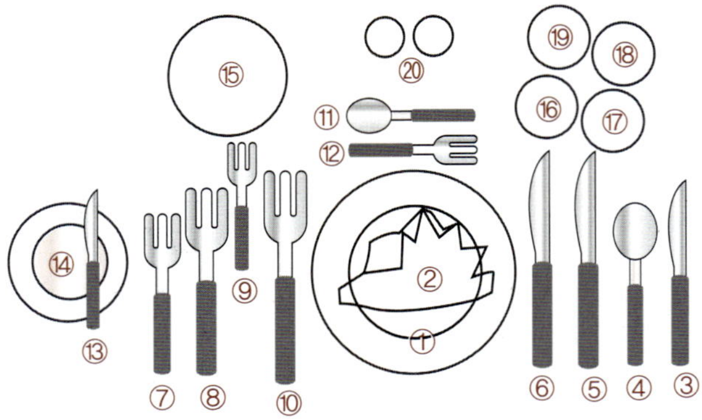

■양식 풀코스의 세팅

(2) 뷔페 테이블 세팅

연회장의 뷔페는 일반 상설 뷔페(opened buffet)와는 달리 고객의 주문 뷔페(closed buffet)인데, 테이블 세팅은 다음과 같다.

❶ 식사 테이블

뷔페 서비스를 위한 테이블 세팅은 다음과 같다.

■뷔페 서비스를 위한 테이블 세팅

❷ 푸드 라인

푸드 라인(food line)은 고객의 동선과 준비된 음식의 종류와 양을 고려하여 설치한다. 일반적으로 한 푸드 라인은 150명을 기준으로 한다.

그림 7-2 **푸드 라인**

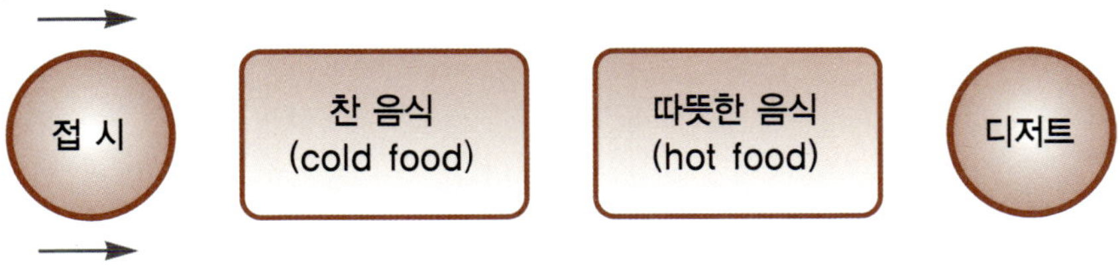

4.2 테이블 세팅 시 유의사항

(1) 테이블 및 의자

테이블은 수평을 유지하는지, 흔들리지는 않는지를 체크한다. 의자도 상태를 점검한 다음 오물 등을 제거하고 테이블의 중심에 맞추어 바르게 놓는다.

(2) 테이블 클로스 및 냅킨

테이블 클로스와 냅킨은 깨끗하고 구김이 없어야 한다. 오물이 묻었거나 찢어진 것을 사용해서는 안 된다.

(3) 은기류

나이프 포크 등의 은기류를 세팅할 때는 오점이 있는 것을 사용해서는 안 되고 지문이 묻지 않도록 한다. 칼날은 안쪽으로 향하게 하고 식사 코스의 순서에 따라 안쪽에서 바깥쪽으로 세팅한다.

(4) 도기류

비 · 비 플레이트(B · B Plate) 등의 도기류를 세팅할 때는 오점이나 이가 빠진 것은 없는지 확인하고 지문이 묻지 않도록 주의하여 세팅한다.

(5) 글라스류

글라스는 얼룩이나 깨진 곳이 없는지 확인하고 특히 지문이나 립스틱 등이 묻었는지 잘 체크하여 깨끗한 글라스를 세팅한다. 글라스의 오점 여부는 밝은 쪽으로 들어 올려 비추어 보면 쉽게 확인된다.

(6) 꽃병

꽃은 테이블의 분위기를 살리는 소품으로 항상 신선한 꽃을 사용해야 하며, 테이블의 중심에 세팅한다.

(7) 캐스터 세트(caster set)

소금과 후추가 든 캐스터 세트는 적정한 양이 들어 있는지, 응고되어 있는지, 구멍이 막혔는지를 점검하여 꽃병 옆쪽에 세팅한다.

4.3 회의 테이블 및 기자재 세팅

(1) 회의 테이블 세팅

회의를 위한 테이블 세팅은 간단한 편인데, 테이블 배치가 끝나면 녹색의 미팅 클로스를 깐 다음 물 잔을 세팅하고, 테이블 위에 명패(place card)가 요구되었다면 지정된 곳에 명패를 세팅한다. 만약 사전에 메모지와 볼펜의 세팅도 요구되었다면 좌석의 중앙에 세팅을 한다.

특히 회의형 행사는 회의장 입구에 등록 데스크를 요구하는 경우가 많으므로 사전에 요구된 크기의 데스크를 설치한다. 등록 데스크에는 미팅 클로스를 덮은 다음 드레이프(drape)를 두르고, 필요한 만큼의 의자를 갖다 놓는다. 그리고 방명록과 사전에 요구된 참석자들의 명찰이 있다면 체크하여 등록데스크 위에 갖다 놓는다.

(2) 기자재 세팅

테이블 세팅을 하는 중간 또는 후에는 배너를 부착하고, 사전에 협의된 기자재를 주최 측이 요구한 위치에 배치한다. 특히 마이크와 빔 프로젝트 등의 시청각 기자재는 사전에 테스트를 하여 착오가 없도록 한다. 그리고 연회장의 빈 공간 등에는 화분 등을 통해서 데코레이션을 하는 등 연회장 준비를 완료한다.

5 연회장의 서비스

5.1 식음료 서비스

(1) 식음료 서비스의 개요

파티형 연회는 대부분 식음료를 즐기는데, 식사는 크게 한 · 일 · 중 · 양정식의 세트 코스(set course), 시팅 뷔페(seating buffet), 스탠딩 뷔페(standing buffet) 및 칵테일리셉션(cocktail reception) 형식이 있다. 연회장에서의 식음료 서비스 방법은 일반 레스토랑과 동일하나 단지 사전에 예약되어 있기 때문에 개별 주문을 받지 않는다는 것이다. 그리고 스탠딩 뷔페 및 칵테일리셉션에 대한 서비스는 일반 레스토랑에서는 할 수 없다는 점에서 연회장의 특징적인 식음료 서비스라고 할 수 있다.

특히 연회장에서 식음료를 서비스하기 위해서는 연회장의 인력만으로는 부족한 경우가 많다. 즉 한꺼번에 연회행사가 몰렸거나 대연회장에 대량인원의 세트 코스의 음식서비스 등이 발생할 때는 타 업장으로부터 헬퍼(helper)를 지원받아야 하는데, 연회 서비스 지배인은 사전에 인원계획에 의하여 서면으로 식음료 부서장에게 지원요청을 해야 하고, 만약 식음료 부서 자체의 지원 인력만으로 부족한 경우는 타 부서 또는 파트 타이머 인원을 요청해야 한다. 일반적으로 연회장에서 식음료에 대한 서비스 인원은 다음 표와 같다.

표 7-1 **식사별 서비스 인원**

종류	서비스 인원	비고
한·일·중·양정식(set course)	테이블당 2~3명	10인용 테이블 기준
시팅 뷔페(seating buffet)	고객 20~30명당 1명	
칵테일리셉션(cocktail reception)	고객 40~50명당 1명	바텐더 제외

연회행사 시작 즉 고객이 입장하기 10분 전에는 연회장 직원은 제 위치에서 고객을 맞을 준비를 한다. 즉 연회장 지배인 또는 캡틴은 입구에서 고객을 영접하고, 서비스의 직원은 각자 맡은 테이블에 대기의 자세로 취하고 있다가 고객이 자기의 테이블 근처에 오면 반갑게 인사를 하고, 착석을 도와준다.

(2) 식사형태별 서비스

정식(set course) 서비스 연회장에서 한·일·중·양정식의 세트 코스 서비스는 다음과 같은 방법으로 한다.

❶ 연회 서비스 지배인은 서비스 요원들의 담당 테이블을 사전에 할당한다.

❷ 첫 번째 코스의 음식은 전체 인원에게 동시에 서브되어야 하는데 주빈석에 서브가 되는 것을 기점으로 일제히 담당 테이블에 서브되어야 한다.

❸ 주빈석은 경험이 많고 능숙한 캡틴이 담당한다.

❹ 지배인은 코스가 진행되는 사항을 파악하여 원활한 서비스가 될 수 있도록 지휘 및 통솔을 한다.

뷔페 서비스

❶ 따뜻한 음식을 위한 고체연료는 식사시작 한 시간 전에 불을 붙인다.

❷ 음식을 덮은 랩은 식사시작 10~20분 전에 벗긴다.

❸ 뷔페의 접시는 식수인원의 3배 정도를 준비한다.

❹ 고객이 사용한 접시는 즉시 치운다.

❺ 부족한 음식은 주방에 연락하여 보충하도록 한다.

❻ 부족한 물은 보충(refill)해 준다.

❼ 커피는 고객의 테이블에서 직접 서비스한다.

❽ 스탠딩 뷔페는 고객이 접시를 들고 포크로 돌아다니면서 먹으므로 수프(soup)는 제공되지 않고, 음식은 한 입에 먹을 수 있도록 커트되어 나오므로 나이프(knife)는 준비할 필요가 없다.

칵테일리셉션 서비스 디너 전의 칵테일리셉션(pre-dinner cocktail reception)과 디너를 겸한 리셉션이 있다.

❶ 디너 전의 칵테일리셉션

디너 전의 칵테일 리셉션은 디너 장 앞의 복도(foyer)나 별실을 이용하여 개최하는데, 음식은 간단한 오드볼 정도이고, 바(bar)는 인원의 규모에 따라 적당한 위치에 1~4군데에 설치한다. 음료의 1인당 1.5잔 정도의 양을 준비한다.

오드볼은 참석고객들이 자유로이 다니면서 먹지만 음료는 서비스 요원들이 트레이에 몇 가지 아이템을 담아 고객 사이로 다니면서 고객에게 권하거나 선택할 수 있도록 서비스한다. 이때 음료가 담긴 잔을 전달할 때는 종이 냅킨을 바깥쪽으로 싸서 전달하여 물기가 흘러내리지 않도록 한다.

❷ 디너를 겸한 칵테일리셉션

서비스 방식은 디너 전의 칵테일리셉션 방식과 동일하나 음식 자체는 스탠딩 뷔페 형식이고, 바(bar)도 디너장 안에 설치된다. 음료는 1인당 3잔 정도의 양을 준비한다. 연회장의 바는 이동식으로 되어 있다.

■연회장 이동식 바의 앞과 뒤

표 7-2 식사별 서비스 인원

고객 수	바텐더 수
100명 미만	1
100~200명	2
300~500명	3
500~700명	4

티 파티(tea party) 서비스 티 파티는 식사시간을 피하여 특별한 자리를 마련하여 다과회를 갖는 것을 말한다. 커피 브레이크와 유사하나 쿠키, 과일, 카나페 등의 간단한 음식이 곁들여지고 파티의 시간도 커피 브레이크보다는 다소 길다는 점이 다르다. 티 파티 서비스는 사전에 준비된 간단한 음식을 체크하고 시작 10분 전에 랩을 벗긴 후 고객들이 입장하면 커피, 티, 음료수 등을 서빙한다.

■티 파티의 세팅

5.2 회의행사 서비스

(1) 회의행사 서비스의 개요

회의행사는 사전에 행사장 안에 배너, 사인보드, 명찰(name tag), 방명록, 마이크, 연단, 화이트 보드, 빔 프로젝트 등 각종 기자재와 등록데스크만 완벽하게 준비해 주고, 회의 테이블 위의 물잔에 물만 서비스하면 회의 중에는 별다른 서비스가 없다. 회의행사의 시작은 회의 참가자들이 등록데스크에서 접수를 하면서부터 시작된다는 점에서 참가자와 호텔 연회장의 첫 접점이라고 할 수 있다. 등록데스크의 위치는 일반적으로 회의장 앞 복도에 설치되고, 등록데스크의 크기는 참가자의 수와 등록데스크에서 업무를 보는 요원의 수에 따라 결정된다. 등록 데스크에는 회의 참가들을 위한 준비물은 회의 주최 측에서 준비하지만 호텔연회 서비스 측에서 준비해 주어야 할 사항은 유선전화, 커피포트, 호텔시설 안내도 등이다.

회의가 진행되더라도 행사장 내에 1~2명의 직원을 배치하여 주최 측의 담당자로부터 돌발적인 주문사항에 대처할 수 있도록 해야 하며, 만약 회의 중간에 커피 브레이크가 있다면 그 시간을 이용하여 회의장을 재정리 또는 필요한 기자재의 이동 등을 서비스하고, 테이블 위의 물 잔에 물을 보충해 준다.

(2) 커피 브레이크 서비스

회의행사에는 회의 중간에 커피 브레이크(coffee break)를 갖는 경우가 많다. 이와 같은 커피 브레이크는 회의 일정표 상에 나와 있으므로 그 시간에 맞춰 회의장 앞 복도 한 쪽에 준비한다. 커피 브레이크 서비스 방법은 다음과 같다.

❶ 커피 브레이크 예정시간 30분 전에 세팅을 완료한다.

❷ 커피 포트에 커피를 준비하여 참석자들이 주변에 오면 서빙해준다(보온물통을 준비하여 참석자들이 셀프로 커피를 타서 마시는 경우도 있음. 이때는 쓰레기통을 옆에다 준비한다).

❸ 커피를 싫어하는 사람을 위하여 티(tea)를 준비하고, 뜨거운 물도 준비해 놓는다.

❹ 커피 잔은 참석인원수보다 약간 여유있게 준비한다.

❺ 쿠키나 과일 등이 있을 때는 랩을 시작 10분 전에 벗긴다.

■ 커피 브레이크의 세팅

6 연회행사 계산 및 환송

6.1 연회행사의 계산

(1) 연회행사의 계산방법

연회장에는 담당 캐셔(cashier)가 없으므로 연회 서비스 지배인을 비롯한 연회 서비스 직원이 청구서를 작성하여 직접 고객에게 계산을 받아야 하는데, 야간에도 영업을 하는 프런트 캐셔(front cashier)를 통해서 대금을 입금시키고 영수증을 발부받아 고객에게 전달한다. 연회장 이용고객이 객실 투숙고객일 경우 다음 날 체크아웃 시 객실과 함께 계산하겠다고 하면 청구서만 프런트 캐셔에게 제출하면 된다.

고객에게 청구서를 제출할 때는 빠뜨린 부분이 없는지 점검하고, 예약금이 있을 경우 그 금액만큼 제하고 청구한다. 특히 호텔 외부업자로부터 제공된 옵션(플라워, 사진 · 비디오 또는 DVD 제작, 엔터테인먼트 비용 등) 부분은 그 업자로부터 미리 계산서를 받아서 정산하도록 하고, 만약 호텔 계산서에 포함시킬 경우에는 10%의 세금을 부가하여 받아야 한다. 외부업자의 수입을 호텔 계산서에 포함하여 받을 경우 호텔의 잡수입(sundry 또는 miscellaneous)으로 잡았다가 다시 업자에게 돌려주어야 하는데, 정산이 다소 복잡할 수 있다.

(2) 후불약정서의 작성

호텔연회 행사 후 계산은 원칙적으로 후불이 불가능하다. 그런데 연회행사지시서에 후불에 대한 언급이 없는데도 주요 또는 단골 고객이 부득이 연회대금의 전액 또는 일부에 대하여 후불을 요청할 경우는 연회예약과 연락을 취한 후 반드시 후불약정서를 받아서 차후 미납에 대한 법적 소송의 근거를 마련해야 한다. 연회행사지시서에 후불이라고 언급되었을 경우는 연회예약실과 사전에 협의하여 후불약정서를 마련해 놓아야 한다. 후불약정서 및 작성 방법은 다음과 같다.

후 불 약 정 서

수신 : ○○○호텔 총지배인
참조 : 경리과 여신 담당

성명 :

상기 본인은 년 월 일 ○○○호텔에서 사용한 ______________ 의 대금 ____________ 원을 행사일로부터 ______ 일 이내에 지불할 것을 서약합니다.

년 월 일

(후불자)

성명 :
현주소 :
주민등록번호 :
연락처 :
서명 :

(연대보증인)

성명 :
현주소 :
주민등록번호 :
연락처 :
서명 :

6.2 환송 및 뒷정리

(1) 환송

행사가 끝나면 고객을 환송하게 되는데, 연회장에 고객의 물건이 남아 있는지 체크하고, 행사를 담당했던 연회장의 전 직원이 입구에 도열하여 참석고객들을 정중하게 환송한다.

(2) 뒷정리

연회행사가 종료되면 다음 행사를 위해서 뒷정리를 해야 하는데, 다음과 같은 방법으로 한다.

❶ 차이나 웨어 및 나이프 포크 등의 실버류를 제거하여 스튜어드(steward)로 보낸다.

❷ 크림, 설탕, 소금, 후추 등을 잘 수거하여 크림 등과 같이 냉장을 요하는 것은 냉장고에 나머지는 저장실에 잘 정리한다.

❸ 글라스류는 글라스 랙(glass rack)을 이용하여 제거하고 스튜어드로 보낸다.

❹ 테이블 클로스는 사용한 1장을 바닥에 펴고 10장씩 쌓아서 묶고, 냅킨도 10장 단위로 묶은 다음 하우스키핑(housekeeping)으로 보낸다.

❺ 드레이프(스커트)도 걷어서 깨끗한 것은 잘 정리하여 재사용하고, 더러운 것은 하우스키핑으로 보낸다.

❻ 의자는 8개 정도를 포개어 쌓은 다음 의자 운반용 카트를 이용하여 보관장소로 치운다. 만약 그 연회장의 다음 행사에 의자가 필요한 행사라면 연회장 한쪽에다 정리한다.

❼ 테이블은 접어서 보관 장소로 이동시킨다.

❽ 사용한 기자재 및 소품은 지정된 위치에 정리 정돈한다. 특히 테이블 탑에 사용한 꽃은 냉장고 등에 잘 보관하여 가능한 싱싱함이 오래 유지되도록 한다.

❾ 뒷정리가 마무리되면 다음 행사를 위하여 하우스키핑에 연락을 하여 청소를 요구한다. 당일 늦게 마치고 시간적 여유가 없을 때는 다음날 행사 준비하기 전에 청소가 완료되도록 조치한다.

❿ 다음날 연회행사의 계획이 없다면 연회장을 깨끗하게 정리하여 사전 답사를 오는 고객에게 좋은 인상을 갖도록 한다.

제8장

패밀리 파티 및 출장연회 서비스

제 8 장

패밀리 파티 및 출장연회 서비스

1 패밀리 파티의 서비스

1.1 패밀리 파티 서비스의 개요

호텔에서 거행되는 패밀리 파티(family pary)는 결혼식, 약혼식, 장수연 등이 주종을 이룬다. 이러한 패밀리 파티는 일정한 의식을 가진 후 식사를 하게 되는데, 연회 서비스 직원은 의식의 순서를 파악하고 그에 따른 필요한 서비스를 신속하게 대응해야 한다. 특히 패밀리 파티에는 케이크, 꽃꽂이, 화환, 코사지, 방명록, 사인 펜, 흰 장갑, 아이스카빙, 피아노 등을 수반하게 되는데, 이러한 품목들은 사전에 반드시 체크되어야 한다.

그리고 패밀리 파티는 항상 예약된 식수인원이 당일 변동이 심하므로 인원의 변동사항을 수시로 체크해야 한다. 만약 하객이 예상인원보다 많이 왔을 경우는 사전에 주최 측과 협의하여 음식의 추가 여부와 좌석이 부족할 경우 같은 가격대의 호텔 내 타 레스토랑 이용 등에 대하여 논의해야 한다. 하객들은 음식미비에 대하여 주최 측을 탓하기보다는 호텔 측의 준비소홀로 간주하는 경향이 많다.

1.2 결혼식 서비스

(1) 결혼식 테이블 배치

결혼식의 테이블 배치(table arrangement)는 식장과 식사 장소를 겸하는 경우와 별도로 하는 경우가 있다. 식장과 식사장소를 겸하는 경우 라운드 테이블의 연회 스타일로 꾸미게 되고, 식장과 식사 장소를 별도로 할 경우 식장은 일반 예식장처럼 의자만 놓는 극장식 스타일로 하고, 식사 장소는 별도의 연회장 및 레스토랑을 이용한다.

■ 결혼식의 테이블 배치

(2) 결혼식의 진행

결혼식의 진행은 사전에 식장만 완벽하게 준비해주면 진행은 자체적으로 하므로 특별히 호텔의 연회장 측에서 서비스해야 할 사항은 없다. 다만 연회 서비스에서는 결혼식의 진행사항을 파악할 수 있어야 하고, 고객이 결혼식 진행순서에 대하여 문의를 하면 다음 표와 같은 내용을 전달하여 자체적으로 원활히 진행될 수 있도록 협조하면 된다.

표 8-1 결혼식 식순 및 진행

순서	진 행
개식선언	"저는 사회를 맡은 (신랑)의 ( )되는 ( )입니다. 지금부터 ( )선생 ( )남 ( )군과 ( )선생 ( )녀 ( )양의 결혼식을 시작하겠습니다"
양가 어머니 화촉 점화	"오늘의 성스러운 예식을 위하여 양가 모친께서 축복의 촛불을 점등하는 순서가 있겠습니다. 양가 모친께서는 입장하여 주시기 바랍니다" 〈진행방법〉 1. 양가 모친 손잡고 입장 2. 식단에 올라 신랑모친이 먼저 촛불점화 후 신부모친이 점화 3. 점화 후 단상 밑으로 내려와 상호 간에 인사 4. 내빈을 향하여 인사하고 자리에 착석
주례소개	"오늘 양인을 위하여 주례를 맡아주신 ○○○선생님을 소개하겠습니다. ○○○선생님께서는 …" (약력 등 소개)
신랑입장	"신랑입장! 뜨거운 박수로 축하해 주시기 바랍니다"
신부입장	"신부입장! 오늘의 주인공인 신부에게 뜨거운 박수로 축하해 주시기 바랍니다"
신랑신부 맞절	"여러 증인과 가족 앞에서 혼인의 예를 드리는 신랑신부의 맞절이 있겠습니다" (이후 진행은 주례가 함).
혼인서약	"귀중한 혼인서약을 받는 순서가 되겠습니다" (이후 진행은 주례가 함) 〈진행방법〉 ① 주례자가 신랑에게 묻습니다. 신랑은 신부를… ② 주례자가 신부에게 묻습니다. 신부는 신랑을…
성혼선언문 낭독	"혼인서약에 이어 이제 두 사람의 완전한 부부가 됨을 선언하는 성혼선언문의 낭독이 있겠습니다" (낭독은 주례가 함)
주례사	주례가 함
신랑신부 내빈께 인사	"신랑신부가 내빈께 인사를 하는 순서가 갖도록 하겠습니다" (이후 진행은 주례가 함)
축가 또는 축주	"산랑신부의 앞날을 축복하는 축가(또는 축주)가 있겠습니다"
신랑신부 행진	"신랑신부의 행진이 있겠습니다. 축하의 박수를 보내주시기 바랍니다"
폐회선언	"이것으로 신랑( )군과 신부( )양의 결혼식을 모두 마치도록 하겠습니다"

1.3 약혼식 서비스

(1) 약혼식 테이블 배치

약혼식의 테이블 배치는 일반적으로 U자형이 적합하나 인원이 많을 경우는 라운드 테이블을 사용하기도 한다.

그림 8-1 **약혼식의 테이블 배치**

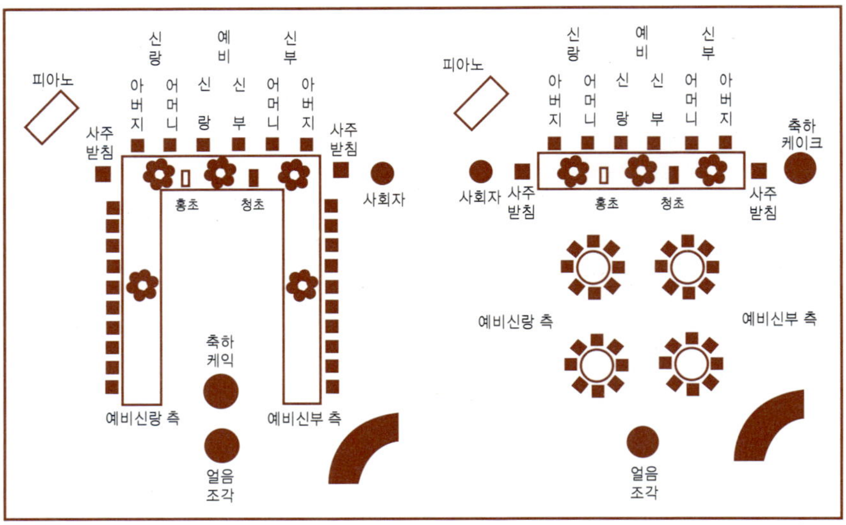

(2) 약혼식의 진행

약혼식도 결혼식처럼 주최 측이 전체적으로 진행을 하지만 케이크 커팅과 축배 등의 순서가 있기 때문에 연회 서비스 직원은 대기를 하여 이에 대한 서비스를 제공해야 한다.

표 8-2 **약혼식 식순 및 진행**

식순	진행	서비스
1. 개식선언	장내 정리 후 약혼식 개식을 선언	
2. 예비신랑 · 신부 입장 및 점촉	예비신랑 · 신부는 장외에서 손을 잡고 입장. 조명이 어두워지면서 준비한 점화봉을 예비 신랑 · 신부가 들고 입장하여 기념 초에 점화하고 자리에 착석한다.	점화봉 준비 및 조명 서비스
3. 예비신랑 · 신부 소개	예비신랑 · 신부의 학력 및 직업, 장래 비전	
4. 사주전달 신랑 측	신랑 측 어머니는 신부 측 어머니에게 사주를 전달하고, 다음으로 신부 측 어머니가 신랑 측 어머니에게 전달함. 신부 아버지는 사주를 꺼내 읽어보고, 양가 어머니는 예물을 꺼내어 본 후 신랑 · 신부 앞에 놓아 둠	
5. 예물교환예비	신랑 · 신부가 나와서 서로 교환	
6. 예비신랑 · 신부 내빈께 인사	큰절을 올림	
7. 양가 대표 인사	예비신랑 · 신부의 아버지가 나와서 하객들에게 인사말을 함	
8. 가족 및 친지 소개	예비신랑 · 신부의 아버지가 직접 자기 측의 가족 및 친지를 소개함	
9. 케이크 커팅	예비신랑 · 신부가 케이크 앞으로 나와서 초의 불을 끄고 케이크를 커팅함	포그 머신(안개와 같은 연기를 내뿜는 기계) 작동, 샴페인 오픈, 팡파레
10. 샴페인 축배	사회자의 건배제의에 따라 다같이 축배	샴페인 서비스
11. 축가 및 축주	준비된 축가 및 축하 연주를 진행함	
12. 폐식	약혼식의 폐회를 선언함	
식사		음식 서비스

1.4 장수연 서비스

(1) 장수연 테이블 배치

회갑연, 고희연 등 장수연의 테이블 배치는 다소 복잡한데, 무대 위에는 주인공 앞에 별도의 상차림을 해야 하고, 무대 바로 아래쪽에는 술을 따르고 권할 수 있는 권주상을 배치해야 한다. 무대 위의 상차림을 실제 음식으로 하는 경우와 모조품(고임상)을 올려놓는 경우가 있는데, 이미 연회예약 시 협의가 되어 있으므로 그에 따라 준비하면 된다.

그림 8-2 **장수연의 테이블 배치**

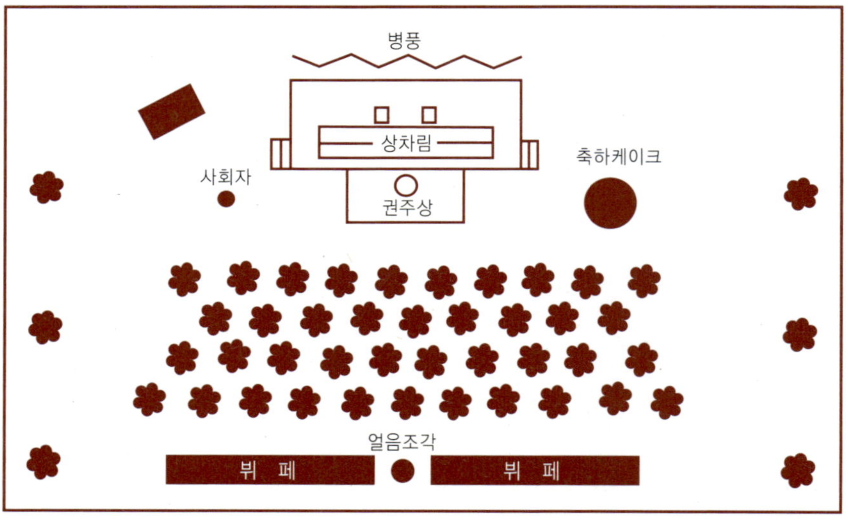

■모조상(고임상)

(2) 장수연의 진행

장수연은 약혼식처럼 주최 측이 전체적으로 진행을 하지만 케이크 커팅과 축배 등의 순서가 있기 때문에 연회 서비스 직원은 대기를 하여 이에 대한 서비스를 제공해야 한다. 장수연의 식순에 의한 진행은 다음과 같다.

표 8-3 약혼식 식순 및 진행

식순	진행	서비스
1. 개식선언	장내 정리 후 개식을 선언	
2. 약력소개	출생일 및 고향, 학력, 사회경력 및 업적, 좌우명 및 인생관, 자녀관계 등의 순으로 소개	어버이 은혜(B.G.M)
3. 가족대표 인사	장남이 하객에게 인사 말씀을 올림, 자녀가 딸만 있을 때는 맏사위가 인사	
4. 가족소개	장남, 차남, 막내, 딸의 순으로 내외 및 손자를 함께 소개	
5. 헌수(권주)	장남, 차남, 막내, 딸의 순으로 내외 및 손자가 부모님에게 만수무강을 기원하는 뜻에서 술을 올리고 절을 함	
6. 헌화	손자나 하객이 주인공에게 꽃을 전달함. 선물을 준비하였을 경우 이때 전달함.	

식순	진행	서비스
7. 케이크 점화 및 커팅	주인공 내외가 준비된 케이크 앞으로 와서 케이크의 불을 끄고 커팅함	포그 머신(안개와 같은 연기를 내뿜는 기계) 작동. 샴페인 오픈. 팡파레
8. 생일축하 노래합창	가족 및 하객 반주에 맞춰 합창	
9. 축배	하객 중 주인공과 평소 친분이 두터운 분 또는 연장자가 건배제의를 함	주인공의 잔에 샴페인을 서비스. 축하 BGM
10. 부모님 은혜 합창	주인공의 직계가족이 모두 나와 합창	
11. 축사, 축가. 축시	하객 중 축사, 축가, 축시를 할 사람은 앞으로 나와 진행함	
12. 답사	주인공이 하객에 대하여 감사의 인사말을 함	
13. 폐식	1부 공식적인 행사의 폐회를 선언함	
식사	하객들이 먼저 식사를 함. 하객들이 식사를 하는 동안 가족 친지들은 기념 촬영	음식 서비스
2부 개회	식사 후 어느 정도 장내가 정리되면 2부 여흥 개회	
여흥	노래 및 장기 자랑	
2부 폐회	모든 행사의 종료를 선언함	

2 출장연회 서비스

2.1 출장연회 서비스의 개요

출장연회(outside catering)란 고객이 원하는 장소 및 시간에 맞추어 식기, 테이블 등의 기물을 이동시키고 주문한 식음료를 제공하는 등 호텔 밖에서 이루어지는 연회행사를 말한다. 이러한 출장연회는 호텔로부터 떨어져 있고 호텔 연회장처럼 시설이 완벽하지 않은 곳에서 서비스가 이루어진다는 점에서 현장답사 등 사전 계획에 의한 철저한 준비가 요구된다.

2.2 출장연회 서비스의 절차

출장연회 서비스의 절차는 사전답사 → 행사계획서 작성 → 기물 반출확인서 작성 → 출장연회 장소의 음식 테이블 세팅 → 서비스 → 기물수거 → 기물 반입확인 등의 절차에 의해서 진행된다.

(1) 현장답사

현장답사를 갈 때는 줄자, 노트, 펜 등을 지참하고 다음과 같은 내용을 세밀하게 체크하여 당일 현장 서비스에서 차질이 없도록 한다.

- 호텔에서 현장까지의 도로 선택 및 소요시간
- 주차공간
- 장비나 기물을 이동시키기 위한 엘리베이터 사용 여부
- 행사장 내 전기, 수도, 주방 시설 등
- 현장의 도면(도면이 없을 경우 스케치함)
- 백 사이드(back side) 확보
- 장소가 실외일 경우 우천에 대비하여 텐트 설치가능 여부

(2) 행사계획서

- 케이터링 차량, 집기운반 트럭, 서비스 및 주방요원의 이동 차량 등에 대한 시간대별 계획서를 작성한다.
- 행사에 필요한 각종 장비 및 비품의 목록을 작성한다.
- 준비조, 서비스조, 철수조 등 인원을 세분화하여 수급계획을 세운다.

- 헬퍼(helper) 및 파트타임 등의 인원을 사전 요청한다.
- 출장연회에 소요되는 제반 경비를 계획한다.
- 행사장의 전체적인 레이아웃(lay out)을 작성하여 도면상으로 서비스 계획을 세운다.

(3) 반출 · 반입 확인증 작성

출장연회를 위해서 외부로 반출되는 모든 기물은 모두 호텔의 재산이므로 반드시 호텔의 재산을 관리하는 관재과에 품목과 수량을 작성하여 사전에 반출 허가를 받아야 한다. 그리고 행사 종료 후에는 반입에 대한 확인을 받는다.

❶ 출장연회에 대한 내용을 기입한다.

❷ 출장연회의 장소를 기입한다.

❸ 출장연회를 위하여 기물을 반출하는 날짜를 기입한다.

❹ 출장연회를 위하여 기물을 반출하는 부서인 연회 서비스를 기입하고, 연회 서비스 지배인의 성명을 적고 서명 또는 날인을 한다.

❺ 스튜어드(steward) 부서는 음식진열 및 제공에 따른 각종 기물을 관리하는 곳이므로 연회장 기물을 반출할 때 같이 신청한다.

❻ 관재과로부터 반출에 대한 확인을 받는다.

❼ 관재과로부터 반입에 대한 확인을 받는다.

반출 · 반입 확인증

No. ________________

품 명	수량	비 고

상기 품목의 반출 · 반입에 대한 확인을 요구합니다.

반출사유 : ①

반출처 : ②

반출일 : ③

반입일 : ③

반출부서 : ④ 부(과) (인)

스튜어드 : ⑤ (인)

관재과 확인

	일자	성명	서명
반출 ⑥			
반입 ⑦			

■ outside catering 모습

■ outside catering 차량

제4부

연회판촉

제9장

연회판촉의 이해

제9장 연회판촉의 이해

1 연회판촉의 개요

1.1 연회판촉의 개념

(1) 판촉의 개념

판촉이란 판매촉진(sales promotion)의 준말로 판매할 상품이나 서비스에 대하여 소비자에게 유용한 정보를 제공하고, 커뮤니케이션을 원활하게 함으로써 궁극적으로는 매출을 증대시키는 마케팅 수단을 말한다. 판매촉진(sales promotion)의 구체적인 수단으로는 세일즈 콜(sales call)에 의한 인적판매(personal selling), 할인, 쿠폰, 경품제공, 마일리지, 전시회, 이벤트, 포스트 및 전단지 등의 홍보물 활용 등을 들 수 있다.

(2) 연회판촉의 개념

연회판촉(banquet sales)이란 호텔 연회장과 관련된 상품 및 서비스를 판매하기 위하여 촉진 활동을 수행하는 것을 말한다. 연회판촉에서 대부분의 촉진활동은 호텔 외부로 나가서 고객을 직접 만나 설명을 하거나 견적제공 및 예약을 받는 등의 세일즈 콜이며, 연회영업의 활성화를 위하여 연회 이벤트 등을 기획하는 등 마케팅 활동도 수행한다.

1.2 연회판촉의 조직 및 직무

(1) 연회판촉의 조직

연회판촉의 조직도는 다음과 같다.

그림 9-1 **연회판촉의 조직도**

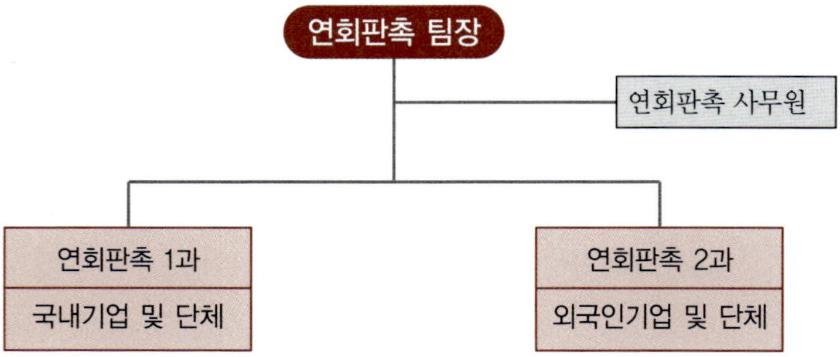

(2) 연회판촉의 직무

■ 연회판촉 팀장

- 연회판촉 담당(지배인)자를 지휘 감독하고, 교육 · 훈련을 시킨다.
- 연회판촉 회의를 주재한다.
- 월간 · 연간 판매목표를 설정한다.
- 연회판촉 담당(지배인)자별 월간 · 연간 판매목표를 설정한다.

- 연회판촉 담당(지배인)자별로 거래선(account)을 배분한다.
- 연회판촉 담당(지배인)자들의 세일즈 콜 리포트(sales call report)를 검토한다.
- 연회상품 기획을 주도한다.
- 연회판촉을 위한 각종 홍보물을 기안하고 체크한다.
- 외부방문 시 필요한 판촉물 등을 준비한다.

■ 연회판촉 지배인

- 호텔을 대표하여 외부에서 고객을 접촉한다는 사실을 명심한다.
- 개인목표를 관리한다.
- 개인고객관리를 한다.
- 주간 · 월간 단위로 세일즈 계획을 세운다.
- 세일즈 콜(sales call)을 갔다 온 후에는 반드시 리포트를 작성한다.
- 경쟁 호텔의 동향을 조사하여 보고한다.
- 호텔 외부에서 접촉한 고객이 호텔을 방문할 때는 호텔 내에서 컨택(in-house contact)하여 상담 및 안내를 한다.
- 행사 당일에는 행사 전에 도착한 주최 측의 담당자와 함께 연회준비사항을 체크하거나 연회장 입구에 대기하여 영접을 한다.

■ 연회판촉 사무원

- 호텔 내에서 각종 서류처리 등 행정업무를 담당한다.
- 외부에서 걸려온 문의전화를 담당 연회판촉 지배인에게 연결한다. 부재 시 메모를 남기고 전달한다.
- 연 · 월간 실적 및 각종 통계를 집계한다.
- 호텔 내에서 텔레마케팅 업무를 수행한다.

2 연회 세일즈

2.1 세일즈 콜

(1) 세일즈 콜의 개념

세일즈 콜(sales call)이란 제품이나 서비스의 판매촉진을 위하여 고객을 방문하는 것을 말한다. 판매없는 사업은 없다(no sales, no business)는 말이 있는데, 호텔의 연회장도 예외는 아니며, 가만히 앉아서 찾아오는 고객만을 기다릴 수는 없다. 오늘날 경쟁구도 하의 연회영업에서는 외부로 나가서 많은 고객을 찾아내고, 기존의 고객과는 관계를 지속적으로 유지하여 궁극적으로는 수요가 발생될 때 자사의 호텔로 고객을 유치해야 한다.

또한 단기간 내에 연회관련 상품의 판매증대를 위하여 일정 기간 연회판촉담당과 객실부, 식음료부 등 타 부서의 직원이 함께 한 팀이 되어 고객을 방문하는 경우도 있는데 이를 세일즈 브릿지(sales blitz)라고 한다.

(2) 세일즈 콜의 종류

세일즈 콜의 종류는 다음과 같이 3가지로 구분할 수 있다.

- qualifying call 예상고객을 상대로 가망고객으로 유도하기 위한 방문
- developing call 가망고객을 실제 수요로 연결시키기 위한 방문
- closing call 최종 결정을 얻기 위한 방문

(3) 세일즈 콜의 4요소(4P)

세일즈 콜을 성공적으로 수행하기 위해서는 다음과 같은 4요소에 유념하여야 한다.

- 목적(purpose) 방문목적이 뚜렷해야 한다.
- 계획(panning) 모든 방문은 계획에 의하여 진행되어야 한다.
- 설명(presenting) 상품설명에 대한 스킬(skill)을 소유하고 있어야 한다.
- 설득(persuading) 고객을 잘 설득하여 자사의 고객으로 유도해야 한다.

(4) 인 하우스 컨택

인 하우스 컨택(in-house contact)이란 호텔 내부에서 고객을 만나 세일즈를 하는 것을 말한다. 연회판촉의 거래선이 호텔을 직접 방문하여 행사장을 사전 답사하고, 세부사항에 대하여 협의하고자 하는 경우는 연회판촉 직원이 외부로 세일즈 콜을 나가지 아니하고, 약속된 일시에 호텔 내에서 대기하여 고객을 접촉해야 한다. 특히 방문한 고객에게는 적절한 접대를 통하여 관계유지를 지속할 필요가 있는데, 접대의 방법으로는 거래선의 관계 및 행사규모에 따라 식사대접, 커피대접, 무료사우나 제공 등이 있다.

식사와 커피 등을 접대할 때는 호텔 내에서 사용하는 접대 빌을 사용해야 하는데, 이 빌을 'ENT(Entertainment) Check', 또는 'Office Check' 라고 하며, 접대대상과 목적을 기입해야 한다.

2.2 세일즈 요원의 에티켓과 매너

(1) 약속 에티켓

사전 시간 약속(appointment)의 준수는 아무리 강조해도 지나치지 않다. 대부분의 방문은 상대방이 허락하는 시간에 하게 되지만 간혹 사전 약속시간을 정하지 못하고 방문하는 경우나 상대방이 하루 중 아무 시간에 와도 좋다고 하는 경우도 있다. 이럴 때는 방문시간대를 잘 고려하여야 하는데, 특히 식사 약속이 아닌 이상 식사시간대와 업무개시 후 1시간 이내 및 업무종료 1시간 전 시간대, 토요일과 같은 주말 등은 피해야 한다.

(2) 방문 장소에서의 에티켓

방문 장소의 도착은 약속시간 10분 전에 도착하여 화장실에 들러 용모를 점검하고 다소 여유를 가지는 것이 좋다. 외투를 입었을 때는 들어가기 전에 벗고 들어가야 하며, 들어가서는 입구 안내자의 요구나 절차에 응한다.

일단 접견실로 들어가면 하석이 어디인지를 파악하여 자신이 앉아야 할 위치를 선정해야 하는데, 일반적으로 입구에서 먼 쪽이 상석이고 좌우의 측면에서 보면 우측이 상석이고 좌측이 하석이 된다. 착석은 상대방이 자리를 권하면 앉는 것이 예의이다. 들고 온 가방은 테이블 위나 옆자리에 놓지 말고, 자신의 발 또는 의자의 옆에 놓는다. 방문지에서 머무르는 시간은 사안에 따라 달라지겠지만 단순 방문의 경우 20분 전후가 적당하다. 너무 오래 머물면 상대방의 업무와 스케줄에 방해가 된다. 또한 방문지에서 팔짱을 끼거나 다리를 꼬거나 소파 깊숙이 등을 기대는 것은 좋지 않다.

(3) 악수 매너

악수는 원칙적으로 손윗사람(연장자, 상사, 선배)이 아랫사람(연소자, 부하, 후배)에게, 여성이 남성에게 먼저 청하면 응하는 것이다. 악수의 구체적인 매너는 다음과 같다.

- 악수는 원칙적으로 오른손으로 한다.
- 손을 쥘 때 너무 느슨하게 쥐게 되면 냉담한 느낌을 주게 되고, 손가락 끝을 잡거나 스치듯 가볍게 쥐게 되면 상대방을 경멸하는 인상을 줄 수 있다.
- 너무 강하게 쥐는 것도 실례이다. 남성들끼리는 적정한 힘으로 쥐어야 하고, 여성에게는 힘을 약간 빼는 것이 좋으며, 손을 너무 오랫동안 쥐고 있어서는 안 된다.
- 손을 흔들 때는 상하로 가볍게 흔들어야 하고 자신의 어깨보다 높이 올라가면 안 된다. 특히 여성과 악수할 때는 살짝 흔드는 것이 좋다.

- 시선은 상대방의 눈을 보아야 하며 시선을 다른 곳으로 돌리면 비굴하거나 떳떳하지 못한 사람으로 오해를 받을 수 있다.
- 악수를 하면서 왼손으로 상대의 손을 맞잡고 굽실거리거나 어깨를 껴안는 행위는 옳지 않다.
- 장갑은 악수할 때 벗어야 한다. 만약 장갑을 벗느라 상대를 기다리게 할 경우는 양해를 구한 뒤 장갑을 낀 채 신속하게 대응하는 편이 낫다.
- 악수를 하면서 머리를 숙일 필요는 없다. 당당하게 해야 한다. 다만 대통령이나 왕족을 대하는 경우는 머리를 숙여 경의를 표한다.
- 여성은 남성에게 악수를 청하지 않아도 실례가 아니므로 가벼운 목례와 미소로 대신해도 무방하다.

(4) 소개 매너

■ 자기소개 요령

- 자신을 소개할 때는 이름을 다 밝힌다.
  (예 : ○○호텔 金대리입니다. → ○○호텔 金○○대리입니다.)
- 자기소개는 가능한 짧게 하고, 상대방이 기억할 수 있도록 간단한 말을 곁들인다.
- 자기소개를 할 때 간단한 유머는 좋으나 지나치면 오히려 가벼워 보일 수 있다.

■ 소개 에티켓

- 남성을 여성에게 소개한다(단, 남성의 지위가 월등할 경우는 여성을 남성에게 소개한다).
- 손아랫사람(후배, 연소자, 하급자)을 손윗사람(선배, 연장자, 상급자)에게 소개한다.
- 지명도가 낮은 사람을 높은 사람에게 소개한다.

- 사내직원을 외부사람에게 소개한다(단, 사내직원의 지위가 월등히 높을 경우는 반대로 한다.).
- 남성이 여성을 소개받을 때는 반드시 일어서야 되지만 여성이 남성을 소개받을 때는 꼭 일어서지 않아도 된다.
- 동성끼리는 서로 일어서서 소개를 주고받는다.
- 소개받은 후 동성 간에는 악수를 하고 이성 간에는 가벼운 목례를 하는 것이 좋다.
- 외국인에게 자기를 소개할 때는 지위를 밝히지 않고 이름과 성만 말한다. 특히 자기의 이름 앞에 'Mr' 와 같은 경칭을 붙여서는 안 된다.

(5) 명함 매너

명함(business card)은 회사를 대표하여 외부인사에게 자신과 회사를 인식시키고, 첫 이미지를 형성시키는 중요한 커뮤니케이션이며, 자기소개서라고 할 수 있다. 따라서 명함을 품위 있게 만들고 올바르게 사용해야 한다.

명함은 국가별, 회사별 또는 개인의 취향에 따라 다소 차이가 있겠지만 가로 9cm, 세로 5.5cm 정도 직사각형의 순백지에 가로쓰기의 고딕체나 명조체로 인쇄하는 것이 기본이다. 색지 이용, 금테 두르기, 모서리를 둥글게 하는 것, 세로쓰기 등을 삼가야 한다. 최근 개성을 살린 독특한 명함을 많이 만드는데, 지나친 디자인과 그림, 색상 등은 지양해야 한다.

명함의 종류는 우리나라 경우 통상적으로 업무용 명함(business card) 한 종류를 사용하지만, 서양의 경우 사교용 명함(calling card)이 별도로 있다. 업무용 명함은 업무관계로 사용하기 때문에 직장명, 주소, 전화, 직위 등을 기입하나, 사교용 명함에는 회사 등 업무상의 주소는 적지 않는다. 사교명함은 공식파티 등에서 주로 사용하는 것인데, 최근에는 외교관이나 군인 등의 특수한 신분을 제외하고는 사용하지 않는다.

명함에 기입하는 내용은 중요한 사항만 간결하게 적어야 한다. 호텔명 외에 자기가 소속된 사회단체 이름을 병행하거나 직위 등을 과시하는 등 여러 개 나열하는 것은 좋지 않다. 외국에서 사용할 영문 명함은 사원일 경우 중앙에 회사이름이 들어가고 왼편 하단에 성명, 부서, 회사주소를 넣고, 중역일 경우 중앙에 큰 글씨의 이름, 직위, 주소 등은 중앙에 작은 글씨로 인쇄한다. 명함 에티켓 및 매너는 다음과 같다.

- 명함은 서서 주고받으며, 내밀 때는 상대방의 가슴 높이가 적당하다.
- 명함은 하위에 있는 사람이 먼저 건네고 상위자의 명함을 받을 때는 왼손으로 가볍게 받쳐 드는 것이 예의이다.
- 명함을 줄 때는 명함의 오른쪽 끝을 엄지손가락과 집게손가락으로 잡고 건넨다.
- 명함을 건넬 때는 반드시 상대방에서 읽기 편하게 자기의 이름이 상대방 쪽을 향하게 한다.
- 쌍방이 주고받을 때는 오른손으로 주고 왼손으로 받는다.
- 상대방으로부터 받은 명함을 볼 때는 두 손으로 잡고 본다.
- 명함을 주고받을 때는 자기의 소개를 간단하게 한다.
- 상대를 기다리게 하고 명함을 찾는 것은 매너에 어긋난다.
- 명함은 반드시 명함지갑에 넣어 사용해야 하고 상의 안쪽에 넣어 다닌다.
- 돈을 넣는 지갑에 넣고 바지 뒷주머니에서 꺼내는 것은 미관상 좋지 않다.
- 받은 명함은 즉시 포켓에 넣지 말고 성이나 이름, 회사나 직위에 대하여 잠시 대화를 나눈다.
- 상대방 명함의 이름이 모르는 한자나 영어발음이 어려울 경우 그 자리에서 확인하여 나중에 실수를 막는다.
- 복수로 명함을 받았을 때는 앉아 있는 순서대로 명함을 나열하여 호칭할 때 실수가 없도록 한다.

- 받은 명함 위에 글씨로 메모를 하지 않는다. 만약 주위에 메모지가 없다면 양해를 구하고 깨끗한 필치로 적는다.
- 서양인은 비즈니스가 아니면 첫 대면에서 명함을 주고받는 일이 거의 없고 대화를 나누다가 필요한 경우에는 헤어질 무렵에 교환한다.
- 오른손으로 악수를 하면서 동시에 왼손으로 명함을 내밀어서는 안 된다.

2.3 세일즈의 3단계 업무

세일즈 업무는 사전업무, 현장에서의 업무, 사후업무 등 3단계로 나눌 수 있다.

(1) 사전업무

세일즈와 관련하여 다양한 지식의 습득 호텔의 내·외부 시설 현황을 숙지하고, 호텔에서 판매되고 있는 상품 및 서비스에 대한 지식을 습득하고 있어야 한다. 또한 호텔의 영업방침과 각 부서의 업무에 대한 지식도 습득해야 하고, 경쟁호텔의 주요 시장 및 상품에 대한 정보 및 방문고객에 대한 정보도 알고 있어야 한다.

고객자료 수집 세일즈 콜을 나가기 전에는 기존의 고객 외에 예상고객을 찾아 신규 거래선을 창출해야 하는데, 각종 명부 및 언론매체 등을 통해서 자료를 수집할 수 있다.

- **명부** 관공서 및 외국 대사관 명부, 상공회의소 회원명부, 공중전화번호부(yellow book), 사회봉사단체명부, 각종 협회명부, 학술단체명부 등
- **언론** TV, 신문, 잡지 등

세일즈 콜 계획서 작성 주별, 월별 방문계획서를 작성하고, 판촉대상을 업종별, 지역별로 분류하여 코스를 선정한다. 방문하기 전에는 사전 약속을 하는 것이 좋다.

세일즈 키트 준비 세일즈 키트(sales kit)란 각종 인쇄 홍보물을 보기 좋게 담을 수 있도록 두꺼운 종이로 된 폴더를 말한다. 세일즈 키드 속에는 다음과 같은 홍보물을 챙겨서 넣는다.

- **호텔 브로슈어(hotel brochure)** 호텔의 시설 전반을 소개한 인쇄물
- **팩시트(fact sheet)** 호텔의 개요 및 시설을 한 장에 소개한 인쇄물
- **컨벤션 및 연회 브로슈어(convention & banquet brochure)** 회의나 연회장의 규모, 시설 등을 상세히 소개한 인쇄물
- 패키지상품 안내서
- 식음료업장 프로모션(promotion) 상품 안내서
- **헬스클럽 브로슈어(health club brochure)** 헬스클럽의 시설이나 회원 가입에 관한 안내가 소개된 인쇄물
- 유료회원 가입 안내서
- 객실요금표(room tariff)
- **뉴스레터(news letter)** 매월 또는 격월로 발행되는 호텔 소식지

판촉물 및 기타 준비물 호텔 판촉물(giveaway), 명함, 필기도구 및 각종 서류를 넣을 수 있는 가방을 준비한다.

용모 및 마음가짐 세일즈 콜을 나가기 전에는 용모 및 복장도 점검하여 깔끔한 외모를 유지하도록 한다. 그리고 능동적이고 긍정적인 사고를 가져야 하고,

판매에 대한 확신과 믿음을 가지고 있어야 한다. 따라서 사전에 첫인상을 좌우할 수 있는 외모와 매너를 습득해야 하고, 자신감과 안정적인 모습을 견지하도록 노력해야 한다.

(2) 방문 현장에서의 업무

방문 현장에서는 고객과 상담을 하거나 상품을 프리젠테이션하는 업무를 수행한다. 고객 앞에서의 훌륭한 프리젠테이션은 비즈니스를 성공적으로 이끄는 데 결정적 역할을 한다. 사전에 철저한 준비와 프리젠테이션 스킬(presentation skill)을 연마하고 에티켓을 익혀둠으로써 비즈니스를 성공적으로 이끌어야 할 것이다.

상담 준비 상담에 필요한 서류를 순서대로 재확인하고 상담의 구체적인 목표와 주제를 요약하고 정리해 둔다. 시청각 도구가 필요할 경우 사전에 리허설을 하고 예상 질문에 대한 답변도 사전에 준비한다.

프리젠테이션 방법 프리젠테이션을 할 때는 원고를 줄줄이 읽지 말고 핵심을 이야기하면서 주제를 일관되게 견지해야 한다. 때로는 예와 비유를 활용하는 것도 좋은 방법이며, 특히 적절한 제스처와 말의 톤을 중요한 대목에서는 강하게 하는 등 리듬을 줌으로써 상대방을 지루하게 해서는 안 된다. 프리젠테이션의 5단계는 다음과 같다.

- 소개(introduction)
- 개요 설명(overview)
- 본문 설명(main body of the presentation)
- 요약(summary)
- 질의 및 응답(question and answer)

■상담 포인트

- 약속된 시간 정시에 시작한다.
- 목표를 분명히 한다.
- 상담에 들어가기 전에 날씨 등을 주제로 분위기를 부드럽게 만든다.
- 고객 입장을 경청하고 긍정적인 자세를 견지한다.
- 감성에 호소하기보다는 논리적이어야 한다.
- 상담이 끝나게 되면 내용을 요점 정리한다.
- 적절한 질문기법을 통해서 고객의 니즈(needs)를 파악해야 한다.
- 최종적으로 합의된 사항은 문서화한다.

■상담 에티켓

- 인사가 끝나자마자 곧바로 본론으로 들어가지 않는다.
- 상대방 말을 모두 메모하지 않아야 한다. 그렇게 되면 상대방이 본심을 털어 놓지 않을 수도 있다.
- 상대방이 말하는 도중에는 끼어들지 않는다.
- 대화 중에 자기들끼리 입을 가리고 소곤거리는 것은 좋지 않다.
- 자신의 의사를 전달할 때는 핵심사항을 간결하고 쉽게 표현한다.
- 대화 중에는 상대방의 눈을 응시해야 한다.
- 칭찬을 고맙게 받아들이고 칭찬을 할 줄도 알아야 한다.
- 외국인과 대화를 할 때는 표정을 어느 정도 과장하는 것이 좋다.
- 상대방의 라이프 스타일에 관심을 보인다.
- 담배는 사양해도 예의에 어긋나지 않는다.
- 적절한 제스처와 보디랭귀지의 구사는 물론 이해할 줄도 알아야 한다.

(3) 사후업무

현장에서의 세일즈 업무가 끝나면 사무실에 돌아와서 명함이나 파일 등의 서류를 정리하거나 리포트를 작성하는 등 사후업무에 임해야 한다.

판 촉 일 지(Sales Call Report)

담당	과장	부장	G.M

20 년 월 일

회사명		성명	
부서/직책		거래선구분	
주소			
연락처	회사 :	H · P :	
방문목적			
상담내용			
결과			
향후방문계획			

세일즈 콜 리포트(sales call report) 작성 세일즈 콜의 결과를 일정한 양식에 의하여 요점을 기록하고 향후 재방문 등의 계획을 수립한다.

견적서 및 계약서 작성 현장에서 협의가 된 사항을 토대로 견적서 또는 계약서를 만들어 재방문 시 전달하거나 긴급할 경우 팩스나 e-mail로 송부한다.

로스트 비즈니스 리포트(lost business report) 작성 연회장 등의 시설 또는 기타 사유로 인하여 행사를 유치하지 못하고 경쟁호텔이 선택되었을 때 그 사유를 적어 부서장에게 보고하여 향후 적절한 대응책을 마련할 수 있도록 한다.

Lost Business Report

□ 행사일시 :	
□ 행사명 :	
□ 주최자 성명 :	□ 연락처 :
□ 행사인원수 :	□ 예상매출액 :
□ 사유 :	
년 월 일	
□ 보고자 성명 :	□ 서명 :

감사의 편지(thank you letter) 및 모니터링 연회장을 사용한 고객에게 감사의 편지를 보내거나 행사 결과에 대하여 설문조사 등의 방법으로 모니터링(monitering)을 하여 향후 판촉 전략에 반영하도록 한다. 결국 사후 서비스를 통하여 고객과의 관계유지를 지속할 필요가 있다.

감사의 편지(Thank You Letter)

금번 고객님의 행사를 저희 호텔에 기회를 주신 것에 대하여 감사의 말씀을 드립니다. 저희 호텔에서는 최선의 서비스를 하였습니다만 혹시 행사를 하시는 동안 불편한 점은 없었습니까?

만약 저희 호텔에 대하여 고견이 있으시면 언제든지 연락을 주십시오. 고객님의 고견을 소중히 생각하겠습니다.

저희 호텔의 임직원 일동은 고객님을 저희 호텔에 모실 수 있게 된 것을 기쁘게 생각하며, 성원에 항상 감사히 생각하고 있습니다.

다시 한 번 뵙기를 기대하며, 항상 건강하시고, 하시는 일이 만사형통하시기를 기원합니다.

20 년 월 일

총지배인 **홍 길 동** *Hong Gil Dong*

설 문 서

저희 ○○○ 호텔을 찾아주셔서 감사합니다. 본 설문조사는 고객님에게 더욱 좋은 서비스를 제공하고자 실시하는 것입니다. 답변해 주시면 즉시 반영하도록 하겠습니다.

1. 연회예약

(1) 직원의 전화응대에 대한 예의나 태도는 어떠하였습니까?
□ 매우 만족 □ 만족 □ 보통 □ 불만 □ 매우 불만

(2) 예약 시 충분한 설명 및 안내를 받았습니까?
□ 매우 그렇다 □ 그렇다 □ 보통 □ 그렇지 않다 □ 전혀 그렇지 않다

(3) 예약은 신속히 처리되었습니까?
□ 매우 그렇다 □ 그렇다 □ 보통 □ 그렇지 않다 □ 전혀 그렇지 않다

2. 연회장 시설 및 기자재

(1) 연회장의 시설은 어떠하였습니까?
□ 매우 만족 □ 만족 □ 보통 □ 불만 □ 매우 불만

(2) 연회장의 각종 기자재는 어떠하였습니까?
□ 매우 만족 □ 만족 □ 보통 □ 불만 □ 매우 불만

3. 연회 서비스 및 준비

(1) 서비스 직원은 친절하였습니까?
□ 매우 그렇다 □ 그렇다 □ 보통 □ 그렇지 않다 □ 전혀 그렇지 않다

(2) 연회 행사장 준비는 잘 되었습니까?
□ 매우 그렇다 □ 그렇다 □ 보통 □ 그렇지 않다 □ 전혀 그렇지 않다

4. 연회음식

(1) 가격은 어떠하였습니까?
□ 매우 만족 □ 만족 □ 보통 □ 불만 □ 매우 불만

(2) 음식의 양은 어떠하였습니까?
□ 매우 만족 □ 만족 □ 보통 □ 불만 □ 매우 불만

(3) 음식의 맛은 어떠하였습니까?
□ 매우 만족 □ 만족 □ 보통 □ 불만 □ 매우 불만

* 기타 저희 연회장에서 개선해야 될 점이 있다면 적어 주시기 바랍니다.

성명 : E-mail :

주소 :

* 고객님의 정보는 개인정보 보호정책에 의하여 보호되며, 고객관리 차원에서만 사용됩니다.

고객관리 카드 작성 연회행사가 끝나면 고객관리 카드(guest history card)를 작성하여 향후 판촉자료로 활용할 수 있도록 한다.

고객관리카드

20　　년　　월　　일　　　　　　　　　　　　　　담당 :

성명		생년월일	음 · 양
회사명		부서 및 직책	
주소			
연락처	회사 : 　　자택 :	H · P :	
E-mail			
결혼기념일		거래선구분	A　B　C　D
주요행사/거래사항			

행사내용					
행사일자	인원수	메뉴	가격	매출액	비고

사례 호텔의 판촉직원

이슬람 카리모프 우즈베키스탄 대통령이 방한하였다. 특급호텔의 판촉담당 직원들은 외교통상부 못지않게 카리모프 대통령의 방한 소식에 민첩하게 움직였다. 해외 국빈 방문 정보를 먼저 입수해 한시라도 먼저 유치전에 들어가야 하기 때문이다.

카리모프 대통령 국빈 방문 '유치전'의 승자는 롯데호텔이었다. 롯데호텔 판촉팀 박지영 지배인은 "외교가의 모임에 자주 나가 각국 대사들과 친분을 쌓아 누가 언제 들어온다는 정보를 입수한다"고 말했다. 가만히 있어도 고객이 제 발로 찾아온다고 생각하면 오산이다. 직원들이 기업, 여행사, 대사관 등을 발로 뛰어야 호텔이 산다. 실제로 전체 고객의 80~90%를 판촉직원들이 유치한다.

뛰지 않으면 손님은 없다. "담당구역에서 '물 먹으면' 죽음이에요." J.W. 메리어트 판촉부 백상석과장에게 하루 일과는 그야말로 '전쟁'이다. 매일 아침 경쟁 호텔의 실적과 비교해 뒤지면 즉시 불호령이 떨어진다. 다른 호텔에 담당 기업을 빼앗기기라도 하는 날엔 밤잠을 설친다.

호텔의 주 고객은 기업, 여행사, 대사관 등에서 나온다. 개인 고객은 전체 매출의 10% 안팎에 그친다. 큰 기업들은 해외 거래처 손님과 대규모 행사를 위해 한 호텔을 지정해 연간 단위로 계약한다. 이런 기업을 유치하면 수천 개의 객실을 한꺼번에 판매하는 효과를 낸다. 따라서 웬만한 기업은 담당을 정해 집중적으로 관리한다. 기업 임원들의 비서를 초청해 영화시사회나 파티도 자주 연다. 비서들이 호텔 선정에 영향력을 행사하기 때문이다.

두 번이나 웨스틴조선호텔 '판촉왕'으로 뽑힌 이석형 지배인은 매일 오전 신문의 경제면을 꼼꼼히 읽는다. 그가 담당하는 외국계 금융사와 컨설팅 업계 현안을 파악하기 위해서다. 이 지배인은 "인수합병(M&A) 건으로 한국을 찾는 외국회사 임직원들은 외부 노출을 꺼려 단골 호텔을 피한다"며 "이들의 방한 정보를 입수하려면 신문을 꼼꼼히 읽고 업계의 '마당발'이 돼야 한다"고 말했다.

"방 팔았다고 그만이면 다신 우리 호텔을 이용 안 합니다." 롯데호텔 박 지배인은 최근 우즈베키스탄 출장을 다녀왔다. 이달 말 방한하는 카리모프 대통령의 취향을 입수해 식단과 객실 인테리어 등에 반영하기 위해서다. 그는 지난달 방한한 압둘 칼람 인도 대통령이 어린이를 좋아한다는 말을 듣고 어린 조카에게 한복을 입혀 환영의 꽃을 전달하기도 했다. 한국에 사는 인도 어린이 40여 명을 모아 대통령과의 만남도 주선했다.
J.W. 메리어트의 백 과장은 '한류(韓流) 패키지'를 만들어 일본 여행사에 한 번에 4,000객실을 판 적이 있다. 그는 "단순히 방만 팔려고 하면 상대방이 외면한다"며 "우리가 어떤 서비스를 제공할 수 있는지 구체적인 미끼를 던져야 반응이 온다"고 말했다.
롯데호텔 외국기업 담당 줄리아 벤베뉴 지배인은 이탈리아인 여성이다. 대학에서 한국어를 전공한 그는 외국인들이 좋아하는 관광 코스를 잘 알고 있기 때문에 '관광 가이드'로 통한다. 고객이 좋아할 것 같다고 판단되면 경쟁 호텔 나이트클럽에도 주저하지 않고 데려 간다. 벤베뉴 지배인은 "4~6월 성수기를 앞두고 고객 유치전이 더욱 치열해지고 있다"며 "하지만 눈앞의 실적보다 고객과의 인간관계를 돈독히 하는 것이 더 중요하다"고 말했다.

출처 : 동아일보

2.4 연회판촉회의와 거래처 관리

(1) 연회판촉회의

판촉회의를 갖는 목적은 목표의식을 확립하고, 과거의 실적을 분석함으로써 그 대안을 찾는 것이며, 또한 연회시장의 정보를 공유하여 궁극적으로는 미래의 계획과 대비책을 마련하는데 있다.

연회판촉회의는 연회부서장이 주관하여 팀원 전체가 참여하는데, 일일 미팅, 주간 미팅 단위로 회의를 갖는다. 월간 미팅과 연간 미팅은 객실판촉을 포함한 전 판촉직원이 참여하며, 총지배인의 주관 하에 개최된다.

표 9-1 **판촉회의의 종류**

구분	시간/시기	주관	주내용
일일 미팅 (daily meeting)	09:00~10:00	부서장	• 전일 세일즈 콜에 대한 보고 및 토의 • 당일 세일즈 콜 계획 점검 • 당일 행사 및 VIP행사 점검
주간 미팅 (weekly meeting)	토요일 오전	부서장	• 그 주의 세일즈 콜 결과에 대한 토의 • 다음 주 세일즈 콜 계획 점검
월간 미팅 (monthly meeting)	월말	총지배인	• 월간 개인별, 부서별 판촉실적 보고 • 월간 경쟁호텔의 동향 및 실적분석
연간 미팅 (annual meeting)	연말	총지배인	• 연간 개인별, 부서별 판촉실적 보고 • 연간 경쟁호텔의 동향 및 실적분석 • 내년도 판촉목표 및 예산계획 보고

(2) 거래처의 분류

연회판촉을 효율적으로 하기 위해서는 연회판촉 담당자별로 거래처(account)를 분류하여 중복 방문하는 것을 피하고, 집중적으로 관리할 필요성이 있다. 거래선을 분류하는 기준은 구(區) 단위와 같이 지역별로 분류하거나 〈표 9-2〉와 같이 유사한 성격의 표적시장(target market)별로 분류한다.

표 9-2 **판촉회의의 종류**

구분	주행사 내용
기업체	세미나, 상품설명회, 인센티브, 단합대회, 신년회 및 송년회 등
학회 및 대학	각종 학회 및 대학에서 실시하는 행사
협회	각종 협회에서 정기적으로 실시하는 행사
사회봉사단체	라이온스클럽 등의 사회봉사 단체에서 실시하는 행사
종교단체	각종 종교단체에서 실시하는 행사
관공서	정부 및 각 시도 행정관서, 정당 등의 관공서에서 실시하는 행사
외국인 단체 및 기업	대사관, 외국계 기업 등에서 행하는 행사
컨벤션	각종 국제회의

사례 그랜드 하얏트 서울 호텔 연회판촉부서

그랜드 하얏트 서울 호텔 연회판촉부서는 크게 플래닝, 이벤트 세일즈, 웨딩팀 등 3개 분야로 나눠지며 총 22명의 직원으로 구성돼 있다.
'플래닝' 부서는 MICE(기업회의 · 포상관광 · 컨벤션 · 전시)와 같이 국제적 규모의 대형 행사를 다루고, '이벤트 세일즈' 부서는 기업, 정부가 의뢰하는 다양한 행사를 기획 진행하며, '웨딩팀' 은 웨딩, 돌잔치 등 가족 연회와 관련된 모든 행사를 책임진다.

(3) 거래처의 관리

❶ 세일즈 카렌더 작성

과거 거래처의 연회행사를 분석하다보면 주기적으로 개최되는 경향을 알 수 있는데, 이를 월별로 정리하여 연간 카렌더(calender)로 만들게 되면 세일즈콜 계획을 효율적으로 수립할 수 있다.

❷ 거래처의 분류와 방문횟수

거래처를 A.B.C.D 등급으로 나누어 방문횟수를 결정한다. 예를 들어 주 거래선인 A등급은 주 1회, B등급은 2주에 1회, C등급은 3주에 1회, D등급은 월 1회 방문하는 것을 들 수 있다.

제10장

연회패키지 상품 및 이벤트 기획

제 10 장

연회패키지 상품 및 이벤트 기획

1 연회패키지 상품기획

1.1 패키지 상품기획의 개요

(1) 패키지 상품의 개념

패키지(package)란 여러 보완관계에 있는 단위상품을 단일 가격으로 한데 묶은 상품을 말한다. 수요자의 입장에서는 각 상품을 낱개로 구입하는 것보다 일괄(패키지) 구입하게 되면 상대적으로 가격이 저렴하고 구매과정이 간단하다. 이와 같은 패키지 상품의 개발은 수요자를 유인하여 판매를 극대화시키는 상품전략이라고 할 수 있으며, 또한 비수기를 타개하기 위한 전략의 일환으로서 기획되는 경우도 있다.

호텔연회의 패키지는 일반적으로 음식을 중심으로 여러 가지 부가서비스의 특전을 제공하는 것으로 기획된다.

(2) 패키지 상품의 성공 요소

패키지 상품의 성공적인 운용을 위해서는 다음과 같은 요소를 고려해야 한다.

첫째, 유인 또는 수요를 자극할 수 있는 요소가 있어야 한다.

패키지 상품은 일상적인 상품에 한 개 또는 더 이상의 유인요소가 추가되어 수요를 자극할 수 있어야 한다. 예를 들어 호텔의 크리스마스 파티 패키지상품에 일반 뷔페와 함께 레크리에이션은 물론 동반한 어린이에게는 산타클로스 할아버지가 선물을 준다는 등의 유인요소가 있어야 한다.

둘째, 고객에게 가치를 제공할 수 있어야 한다.

패키지 상품은 상품구성에 비하여 가격이 저렴하다든지 동일가격에 혜택이 다양하다든지 등의 고객에게 어떠한 가치를 제공할 수 있어야 한다. 예를 들어 호텔의 비수기 겨울철 패키지 상품에 있어서 객실가격에 조식 2인 및 사우나 2인이 무료가 포함되어 있다면 고객은 가치를 느낄 것이다.

셋째, 단위 상품들이 잘 구성되고 협조되어야 한다.

패키지는 단위 상품들이 하나로 묶여져 구성되므로 고객의 욕구에 맞추어 잘 구성되어야 하고, 또한 패키지의 단위 상품들은 서로 잘 연결되도록 협조되어져야 한다. 호텔에서 패키지 상품을 만들 때 가장 힘든 것은 부서 간의 협조라고 할 수 있다.

넷째, 제공요소가 자세하게 설명되어야 한다.

패키지에서 제공되는 요소들은 막연해서는 안 되고, 구체적인 내용을 담고 있어야 한다. 즉 패키지 요금에 포함되는 사항과 각종 조건을 명확히 제시해야 한다. 예를 들어 패키지 이용에 따른 최저인원의 기준, 객실의 경우 어떤 등급이며, 식사 종류는 무엇인지 등에 대하여 자세하게 언급하는 것을 말한다.

다섯째, 수익을 창출할 수 있어야 한다.

아무리 좋은 패키지 상품을 만들어도 회사에 이익을 남기지 못하면 소용이 없다. 일반적으로 패키지 상품은 박리다매 형식을 취하기 때문에 자칫하다간 손해가 발생할 수 있다.

1.2 가족모임 패키지 기획

결혼식 및 약혼식과 같은 패키지는 식사를 전제로 하여 여러 가지 특전을 제공하는 것으로 기획한다.

(1) 결혼식 패키지

결혼식 패키지는 호텔의 서비스수준이나 시설 등에 따라서 다른데, 서울지역 특급호텔의 기준으로 300명 이상이 피로연에서 식사를 하게 되면 다음과 같은 특전이 주어진다.

- 결혼 당일 스위트 룸 숙박 및 피트니스클럽 무료 이용
- 결혼 1주년 기념 Room 숙박권 제공(조식포함)
- 폐백실 무료 사용, 폐백의상 무료 대여(300인 이상)
- 웨딩메뉴 6인 사전 무료 시식
- 공항까지 웨딩 리무진 서비스
- 무료 DVD 제작
- 청첩장 특별할인

※ 위의 특전은 300인 이상 예약 시 적용

(2) 약혼식 패키지 기획

약혼식 패키지도 호텔의 서비스수준이나 시설 등에 따라서 다른데, 일정규모의 인원이 식사를 하게 되면 일반적으로 다음과 같은 특전이 주어진다.

- 3단 케이크 무료 제공
- 샴페인 1병 제공
- 얼음조각 무료 제공
- 기본 꽃장식 및 코사지 6개 제공
- 이 · 미용실 할인

(3) 장수연 패키지

장수연의 일반적인 특전 내용은 다음과 같다.

- 3단 케이크 무료 제공
- 샴페인 1병 제공
- 얼음조각 무료 제공
- 기본 꽃장식 및 코사지 2개 제공
- 배너 무료제공
- 모조상(고임상) 50% 할인

(4) 돌잔치 패키지

돌잔치도 다양한 패키지를 통하여 고객을 유도하고 있다. 다음은 서울 H호텔의 돌잔치 패키지 내용이다.

표 10-1 서울 H호텔의 돌잔치 패키지

패키지명	패키지 내용	가격
푸우 패키지	• 떡, 과일, 고임상 등 격조 있고 정성어린 상차림 • Floarist가 특별히 준비한 주빈석 꽃장식 • 국제적인 명성을 보유한 아티스트의 얼음장식 • 행사 직전에 밀레니엄 서울힐튼 베이커리에서 구워내는 생일 케이크(2단)	330,000원
피노키오 패키지	• 푸우 패키지 + • 실사로 준비하는 Roll Screen 타입의 현수막 • 최고를 추구하는 명성 Studio의 기념촬영(원판3)	660,000원
피터팬 패키지	• 피노키오 패키지 + • 생일 케이크 3단으로 업그레이드 • 전문가의 솜씨로 행사를 더욱 돋보이게 하는 풍선 장식 건배용 샴페인(1병)	935,000원
알라딘 패키지	• 피터팬 패키지 + • 5종류의 떡과 6종류의 엄선한 과일을 포함한 최고급 상차림 • Face painting 및 풍선쇼를 포함한 삐에로 • 덕담 보드와 아기 실물 사진 보드 • 최고를 추구하는 명성 Studio의 기념촬영(추가 스냅 1Roll)	1,375,000원

* 본 패키지는 식음료 요금은 제외되어 있으며, 최소인원 50명을 기준으로 합니다.
* 본 패키지는 세금이 포함된 금액입니다.

1.3 기타 패키지

가족모임 패키지 이외에 연회관련 패키지로는 다음과 같은 것들이 있다.

(1) 송년모임 패키지

12월은 연회장의 최성수기라고 할 수 있다. 이 기간에는 대부분의 기업 및 각종 단체에서 송년모임을 갖게 되는데, 특정일과 특정 연회장을 예약하기 위해서는 2~3개월 전부터 문의하는 경향이 있다. 이와 같은 수요를 보다 효과적으로 수용하고, 적절한 매출전략을 위해서 각 호텔에서는 송년모임 패키지를 개발하고 있다.

(2) 졸업사은 패키지

대학가를 중심으로 실시되는 졸업사은회 행사의 수요를 위하여 만든 패키지이다.

(3) 테이블 매너 패키지

대학의 관광관련 학과와 일부 기업체 및 문화강좌 측면에서 개발된 패키지이다. 이 패키지는 먼저 양식의 식사법(table manner)을 호텔 측의 인사로부터 배우고, 실제 양식을 먹어보는 것인데, 부가적으로 호텔 경영자의 특강, 호텔 시설 투어(hotel tour) 등의 특전을 제공하고 있다.

사례 소규모 웨딩에 이은 소규모 가족 모임의 수요 증가 - 가족愛 연회 패키지

2자녀 시대의 1970~80년대생들이 1자녀의 부모가 되면서 가족 모임은 10~15명 직계 가족 위주 소규모 모임이 증가하고 있습니다. 이에 맞추어 서울 웨스틴조선호텔은 가족 모임 인원에 따라 선택이 가능한 가족애(愛) 패키지를 선보이는데요. 식사, 데코레이션 등 호텔에서 미리 준비해주기 때문에 바쁜 워킹맘들의 관심을 모으고 있습니다.
요즘 핵가족화와 출산율 저하 등으로 대가족을 찾아보기 힘들어지고 있는데요. 가족 모임도 직계 가족 위주의 10~15명 내외의 소규모 행사가 활성화되고 있습니다. 이들 대부분은 1 자녀로 골드키즈(외동으로 왕자나 공주로 대접받는 세대). 서울 웨스틴조선호텔 연회판매 이현주 실장은 "최근 골드키즈를 둔 부모는 자녀에게만큼은 비용 지출을 아끼지 않으며, 이로 인해 아이 생일이나 이벤트에는 가격보다 품질 위주의 식음료 및 부가 상품을 선택하는 구매 성향을 보인다."라고 전했습니다.
실제로 2012년부터 2015년까지 3년간 서울 웨스틴조선호텔에서 진행한 가족

모임은 보면 20명 미만의 가족 모임이 약 2배 가량 증가했으며, 50~100명 미만의 가족 모임은 절반 가량으로 감소했습니다.
프라이빗한 소규모 가족 모임을 위한 한번愛 패키지와 파티 스타일의 대규모 가족 모임을 위한 모두愛 패키지. 이런 수요에 맞춰 서울 웨스틴조선호텔은 가족 모임 인원에 따라 선택이 가능한 가족愛 패키지를 출시했습니다. 가족愛 패키지는 구성에 따라 10~15인 규모의 소규모 모임을 위한 한번愛 패키지와 50인 이상의 모임을 위한 모두愛 패키지로 나뉩니다.
대개 10~15인 내외의 소규모 모임은 레스토랑에서 진행되었지만, 한번愛 패키지는 작은 규모의 가족 모임도 별도의 프라이빗 연회장에서 행사 진행이 가능하도록 구성했습니다. 식음료뿐만 아니라 가족 모임을 진행하는데 필수적으로 필요한 아이템들을 함께 준비해주어 편의성을 높이고 가격 부담을 낮춰 주는데요. 단, 행사일로부터 2개월 전에만 예약이 가능합니다.
한편, 50인 이상의 대규모 가족모임인 모두愛 패키지는 오랜만에 만나는 가족, 지인들과 즐거운 파티 형식의 가족모임을 진행할 수 있는 콘셉트형 패키지입니다. 오늘의 파티를 위해 스타일링된 단독 공간에서 칵테일 리셉션을 즐기고 행사장 안에서 파티를 즐기는 형식으로 가족 모임을 진행하도록 준비해 줍니다. 파티에 필요한 공간 스타일링, 동영상 제작 등이 패키지로 구성되어 있습니다.

출처: 신세계그룹 공식 블로그

2 연회 이벤트 기획

2.1 연회 이벤트의 개요

(1) 연회 이벤트의 목적

이벤트(event)는 마케팅 측면에서 판매촉진(sales promotion)의 일환이다.

호텔의 연회 이벤트 역시 이러한 차원에서 실시하는데, 구체적으로는 다음과 같은 목적 때문이라고 할 수 있다.

첫째, 한번의 행사로 인하여 많은 매출을 올릴 수 있는 전략의 차원에서

둘째, 비수기 타개책으로

셋째, 호텔의 대외 홍보 차원에서

넷째, 사회봉사 및 대고객 서비스 차원에서 실시한다.

(2) 호텔연회 이벤트의 종류

호텔 자체 연회 이벤트 호텔 측이 직접 주관하여 기획하는 이벤트를 말한다. 예를 들면 디너쇼(dinner show), 콘서트(concert), 특정일 이벤트(어린이날, 어버이날, 옥토버페스트, X-mas, 송년의 밤) 등이 있다. 이와 같은 이벤트는 연중 일정하게 개최되는데, 연간 연회 이벤트의 일반적인 캘린더는 다음과 같다.

표 10-2 **호텔 자체 연회 이벤트의 캘린더**

날짜	이벤트	주내용
연중	디너쇼	음식과 엔터테이너 중심의 프로그램
5월 5일	어린이날 이벤트	음식과 어린이를 위한 프로그램
5월 8일	어버이날 이벤트	음식과 어버이를 위한 프로그램
10월 초	옥토버페스트 (Oktoberfest)	독일의 전통 축제를 재현한 프로그램(맥주+음식)
12월 24일	X-mas 이벤트	X-mas 이브 가족과 연인을 위한 프로그램(음식+레크리에이션)
12월 31일	송년의 밤 이벤트	한 해의 마지막 날을 가족과 함께하는 프로그램(음식+레크리에이션+새해맞이)

■호텔의 옥토버페스트 이벤트

사례 옥토버페스트

해마다 9월 셋째주 토요일부터 10월 초까지 열리는 옥토버페스트(Oktoberfest)는 '10월의 축제' 라는 뜻을 가지고 있으며, 그 기원은 1810년 바이에른 황태자 루트비히와 작센의 테레사 공주와의 결혼식을 축복했던 축하 행사에서 비롯되었다.

이후 매년 민속의상을 입은 퍼레이드와 기사들의 경마대회를 재현하고 있으며, 맥주회사들은 축제기간 중에 5,000명을 한 번에 수용할 수 있는 거대한 비어텐트를 설치하여 관람객에게 맥주를 제공하고 있다.

세계 최대의 맥주 축제로 자리 잡은 옥토버페스트는 매년 7백만 명이 참여해 약 5백 만 리터의 맥주를 마시고 20만 개의 소시지를 소비하고 있다.

외부 이벤트 이벤트 기획사 또는 특정 단체나 개인이 개최하는 것으로 호텔 측에서는 대여 또는 식사만 판매하는 것을 말한다. 예를 들면 패션쇼, 콘서트, 디너쇼, 콘테스트, 시상식, 복싱 등 스포츠 이벤트 등이 있는데, 디너쇼와 콘서트와 같은 이벤트는 호텔 자체 이벤트로 기획하는 경우도 있다.

■호텔 연회 이벤트

2.2 연회 이벤트 기획의 실제

이벤트의 기획은 호텔이 직접 주관하여 기획하고 진행하는 방법과 이벤트 기획사가 모든 것을 주관하되 호텔 측에서는 식사와 연회장을 대여 판매하는 방식의 두 가지 형태가 있다. 연회 이벤트의 기획은 크게 ❶ 엔터테이너 섭외 ❷ 식음료 기획 ❸ 무대 및 시설 기획 ❹ 가격결정 및 예상수익계산서 작성 ❺ 예상수익계산서 작성 ❻ 티켓 및 홍보물 제작 ❼ 광고 및 홍보 ❽ 티켓 판매 ❾ 행사 후 손익분석 등 9단계로 진행된다.

(1) 엔터테이너 섭외

연회 이벤트를 기획하게 되면 가장 먼저 가수, M.C, 개그맨 등 엔터테이너(entertainer)부터 섭외를 해야 하는데, 연예 기획사(production)나 연예인 매니저 등을 통하여 가능하다. 섭외가 되면 호텔 측과 연예 기획사 측 사이에 출연료 및 출연날짜, 시간, 횟수 등을 협의한 다음 만약의 사태를 위하여 상호 계약서를 작성해야 한다.

(2) 식음료 기획

이벤트에서 일반적인 식사의 메뉴는 디너쇼의 경우 양식세트 코스, 특정일 이벤트 중에서 어린이날 행사에는 뷔페, 그리고 어버이날, X-mas, 송년의 밤 행사 등에는 양식세트 코스 또는 뷔페로 구성한다. 음식은 티켓 가격에 포함되어 있지만 음료는 포함되어 있지 않으므로 당일 행사장에 연회장 바를 설치하여 직접 판매하도록 한다. 콘서트는 대부분 식사제공 없이 입장료만 징수하게 된다.

(3) 무대 및 시설기획

이벤트 행사는 연회장을 특별히 꾸며야 하는데, 특히 특별무대의 설치와 음향 및 조명 등의 시설적 지원이 뒷받침되어야 한다. 이와 같은 무대 및 시설에 대한 기획은 사전에 엔터테이너 측과 협의가 필요하며, 부족한 시설 및 기기에 대해서는 전문업체로부터 대여를 고려해야 한다.

(4) 가격결정

이벤트 행사의 직접원가를 구성하는 주 요소는 엔터테이너 비용, 제공되는 음식, 홍보물 제작 및 광고의 비용 등이다. 이와 같은 직접원가에 적절한 마진을 더하여 입장(티켓) 요금이 결정되는데, 좌석의 구분 즉 S석(특석), A석, B석 등에 따라 차별화하여 가격을 결정한다.

(5) 예상수익계산서 작성

예상수익계산서를 작성하여 예상매출액(티켓판매액+음료판매+기타)과 예상비용(출연료+음식+음료+예매처 판매수수료+광고비+홍보물 제작 및 발송비+기타) 등을 산출하여 수익이 남는지를 산출해보아야 한다.

(6) 티켓 및 홍보물 제작

엔터테이너가 섭외되고 가격이 결정되면 티켓 및 홍보물을 제작한다. 티켓(ticket)은 입장의 권리를 부여하는 증명서로 고유의 일련번호, 행사명, 행사일시, 장소, 가격, 좌석번호, 입장에 따른 주의사항 등이 기재되어야 한다. 주요 홍보물로는 포스터(poster)와 전단지(flyer), 호텔의 뉴스레터(news letter) 그리고 배너 등이 있다.

(7) 광고 및 홍보

이벤트 행사를 고객에게 알리기 위해서는 광고 및 홍보를 해야 하는데, 예산의 범위 및 각 미디어의 장단점을 잘 파악하여 매체를 선정한다. 광고는 매체를 유료로 활용하는 것으로 주로 TV의 스팟(spot) 및 자막광고, 라디오 및 신문광고 등이 있다. 이에 비하여 홍보는 매체를 무료로 활용하는 것인데, 호텔의 홍보실과 협조하여 보도자료(news release)를 만들고 그것을 신문에 기사화하도록 한다.

또한 제작된 홍보물은 호텔 내 · 외에 부착 또는 비치하거나 판촉직원들이 세일즈 콜을 갈 때 활용하며, 시내의 티켓 판매처에도 배부한다. 그리고 주요 고객에게는 전단지와 뉴스레터 등을 직접 우편발송(D.M)하여 알린다.

표 10-3 각 미디어의 장단점

미디어	장점	단점
TV	• 대량의 시청자 확보 • 시각, 청각을 통한 흥미유발 및 주목	• 비용과다 • 광고시간(15초, 30초, 60초) 및 설명의 한계
라디오	• 지역, 인구분포, 라이프 스타일에 따른 세분화 가능 • 적은 비용 • 운전 중에도 접근 가능	• 청각에만 의존
신문	• 지역에 따른 세분화 가능 • 잡지에 비해 독자가 많음 • 광고제작에서 게재까지 시간단축 • 자세한 설명 가능	• 매체가치가 하루만에 사라짐 • 인구통계적 세분화의 한계
잡지	• 라이프 스타일에 따른 세분화 가능 • 매체가치가 장시간 유지 • 자세한 설명 가능	• 광고제작에서 게재까지 장시간 소요 • 신문에 비해 독자가 적음
옥외	• 지역에 따른 세분화 가능 • 소비자의 의지와는 관계없이 반복주입 가능	• 라이프 스타일에 따른 세분화가 어려움 • 단기간에 내용변경이 어려움 • 주의도가 떨어짐
우편발송	• 표적시장을 선택하여 광고가능 • 소규모 기업도 할 수 있는 저비용 • 유연성 발휘	• 우편물이 과다할 경우 쓰레기 취급

(8) 티켓 판매

일반적으로 호텔 내부 판매처, 판촉직원을 비롯한 호텔직원에 의한 인적 판매, 시내 판매처 등에서 이루어진다. 특히 시내 판매처로는 주로 대형 서점, 악기사, 제과점, 레스토랑 등을 활용하는데, 이들 업체에게는 판매에 대한 일정 부분의 수수료를 지급해야 한다. 일반적으로 수수료는 판매액의 5~10% 정도이다.

(9) 행사 후 손익분석

이벤트 행사가 완료되면 손익계산서를 작성하여 적자 또는 흑자의 규모를 분석한다. 손익계산서의 작성 양식은 다음과 같다.

손 익 계 산 서

행사명 :

	금액	퍼센트(%)
매출 총계		
티켓판매액(티켓가격 · 판매 수)		
음료 판매		
기타		
판매비용 총계		
출연료		
음식		
음료		
예매처 판매수수료		
광고비		
홍보물 제작 및 발송비		
기타 비용		
총이익/손실(매출 총계 − 판매비용 총계)		

(10) 이벤트 기획사 주관

이벤트 기획사가 주관하여 디너쇼 등을 진행하는 경우는 호텔 측에서는 식음료와 무대시설 등을 지원하고, 나머지 엔터테이너 섭외, 홍보물 제작, 광고 및 홍보, 티켓 판매 등은 이벤트 기획사가 책임을 진다. 이에 대한 내용은 상호 계약서를 작성함으로써 명료화할 수 있는데, 그 내용 및 양식은 다음과 같다.

계 약 서

(주) ○○○ 호텔(이하 '갑'이라고 칭함)과 □□□ 이벤트기획사(이하 '을'이라고 칭함)와의 ◇◇◇ 디너쇼 행사 건에 대하여 다음과 같이 계약을 체결한다.

제1조(총칙)

'갑'과 '을'은 본 행사의 원활한 진행을 위하여 상호협력 및 조건 등을 정하여 이를 성실히 준수한다.

제2조(행사개요)

1. 본 행사는 년 월 일 시에 '갑'의 대연회장에서 개최한다.
2. 본 행사의 출연진은 ◇◇◇으로서 필히 출연한다.
3. 티켓의 장당 가격은 일금 ____________으로 하며, 호텔 측의 판매분에 대해서는 '을'이 '갑'에게 _____%의 수수료를 지급한다.
4. 티켓의 한정 수는 _____매로 하며, 좌석도 _____석을 준비한다.
5. '갑'이 제공하는 음식은 양식 세트 코스로 한다. 구체적인 메뉴는 별도로 정한다.

제3조('갑'의 무료제공)

1. '갑'은 출연진을 위하여 년 월 일 객실 _____실을 무료로 제공한다. 단 객실에서 개인적으로 사용한 전화, 미니바, 룸서비스 등의 이용은 투숙객이 지불해야 하며, 투숙객이 지불하지 아니한 경우는 '을'이 책임을 진다.
2. '갑'은 출연진의 식사를 위해 _____명분의 석식을 제공한다.
3. '갑'은 을에게 공연을 위한 음향 및 조명을 시설되어 있는 한도 내에서 제공하되, 추가되는 음향 및 조명시설은 '을'이 직접 대여하여 비용을 지불한다.

제4조(정산)

1. 티켓 요금 중에서 '을'은 '갑'에게 티켓당 식사비용으로 일금 ________를 계산하여 지불한다.
2. '을'은 행사종료 당일 식사비용에 대한 대금을 현금으로 완불한다.

제5조(계약의 발효)

본 계약은 계약서의 서명날인으로 발효된다.

제6조(계약서의 해석)

위 계약서의 해석상 이의가 있을 때는 '갑'과 '을'이 상호협의 하에 해결하고 이 계약서에 명시되지 않은 사항은 관계법령 및 일반관례에 따른다.

본 계약의 체결을 확인하고 충실히 이행하기 위하여 '갑'과 '을'은 계약서 2부를 작성, 각기 서명 확인하여 1부씩 보관한다.

년 월 일

'갑'	'을'
소재지 :	소재지 :
회사명 : (주) ○○○ 호텔	회사명 : □□□이벤트기획사
____________________	____________________

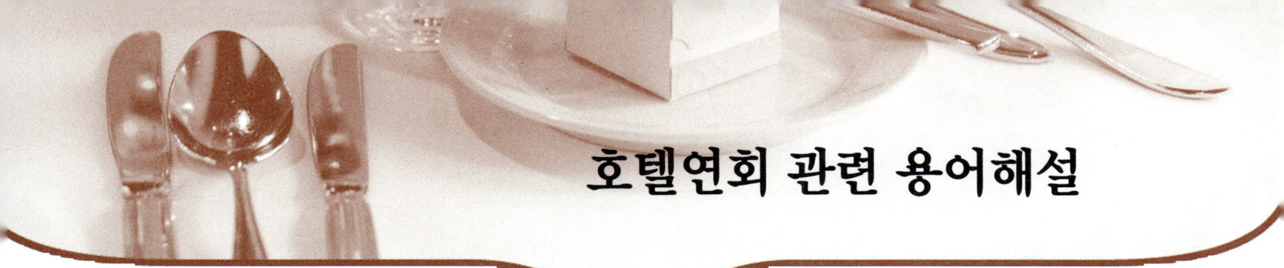

호텔연회 관련 용어해설

A

account 판촉 거래처

arm chair 팔걸이가 있는 의자

B

ballroom 대연회장

banner 천으로 만든 현수막

banquet 연회. 여러 사람이 모여 식사를 즐기면서 향연을 즐기는 것

banquet event order 연회행사지시서

banquet reservation sheet 연회예약접수명세서

banquet room 다양한 목적의 행사와 각종 이벤트 등을 개최할 수 있는 호텔의 연회장

banquet style 라운드형 테이블을 놓고 식사를 할 수 있는 수용범위

beam projector 컴퓨터를 연결시키거나 비디오 테이프를 꽂아 스크린에 보여주는 기자재

BGM(background music) 배경음악

C

catering department 연회부서

centerpiece 테이블 중앙에 놓는 꽃장식 등을 말한다.

cloak room 외투 등의 옷보관소

closing call 최종 결정을 얻기 위한 방문

coffee break 각종 회의 중간에 커피, 티, 음료수 등을 마시면서 쉬는 시간

complimentary(comp.) 무료

control chart 연회예약 장부

corkage charge 손님이 호텔의 음료를 사용하지 않고 직접 가져온 음료를 호텔 측에서 바(bar) 또는 테이블에 세팅하여 잔과 얼음 및 생수를 제공하고 병당 서비스 요금을 받는 것

corsage 양복 가슴에 꽂는 꽃

crescent table 초승달형 테이블로 사각형 테이블에서 타원형을 만들 때 사용하거나 벽에 붙여 음식이나 기물을 올려놓을 때 사용

D

definite reservation 확정적 예약

deposit 예약금, 선수금

developing call 가망고객을 실제 수요로 연결시키기 위한 방문

drape 헤드 테이블, 등록데스크 등의 앞면에 두르는 주름치마 형태로 고객의 다리를 보이지 않도록 막아주는 역할을 한다.

E

ENT(entertainment) check 호텔 내에서 사용하는 접대 빌로서 'office check'이라고도 한다.

expected person 음식의 양을 더 준비해 놓기 위한 예상 인원수

F

fact sheet 호텔의 개요 및 시설을 한 장에 소개한 인쇄물

flip chart 일종의 괘도걸이로 종이를 집게에 꽂도록 되어 있으며 종이를 빼면 소형 화이트 보드가 된다.

foyer 연회장 앞의 복도. 리셉션 에어리어(reception area)라고도 한다.

function room 다목적의 기능을 가지고 있는 연회장을 말함

G

garden party 호텔의 가든을 이용하여 바비큐 등 스탠딩 뷔페 형식으로 진행되는 파티

giveaway 대외에 제공되는 판촉물

guaranteed person 인원의 감소에 관계없이 고객이 지불을 보증하는 인원수 예상

guest history card 고객관리 카드

H

half round table 반원 테이블로 사각형 테이블에서 타원형을 만들 때 사용하거나 벽에 붙여 음식이나 기물을 올려놓을 때 사용한다.

helper 타 업장으로부터 지원된 서비스요원

house brand 호텔 내부에서 와인 등 음료를 잔 단위로 판매할 때 사용하는 것으로 품질은 보통급 이하이다.

I

ice carving 얼음 조각

inc.(inclusive or included) price 봉사료와 세금이 포함된 가격

in-house contact 호텔 내부에서 고객을 만나서 세일즈를 하는 것을 말한다.

interpreter 통역사

L

laser pointer 어두운 스크린에 설명하는 부분을 레이저로 표시하여 스크린에 보여주는 기자재

lectern 실내에 불을 꺼서 깜깜할 때 사회석의 포디엄 위에만 불을 밝히는 스탠드형의 전등

linen 테이블 클로스 등의 천 종류

lost business report 연회장 등의 시설 또는 기타 사유로 인하여 행사를 유치하지 못하고 경쟁호텔이 선택되었을 때 그 사유를 적어 부서장에게 보고하는 양식

lottery box 추첨함

M

mini menu 개별 메뉴(individual menu)라고도 하며, 고급 정찬의 테이블 위에 세팅하여 참석들이 그것을 보면서 음식을 즐기기 위한 것이다.

miscellaneous 잡수입

monthly banquet forecast 월간 연회행사 예정표

M.T.D(monthly to-date) 해당하는 달(月)의 1일부터 그 달 현재까지의 누계

N

name tag 명찰

news release 보도자료

numbering stand 번호 등의 표식을 꽂아 테이블 위에 올려놓는 것으로 테이블 번호를 알려주는 역할을 한다.

O

OHP : Over Head Projector OHP용 필름을 올려 스크린에 보여 주는 기자재

outside catering 호텔을 떠나 주최 측이 원하는 장소에서 식음료를 제공하는 연회행사

P

par stock 적정재고

place card 투명 플라스틱에 끼우거나 종이로 만든 삼각 명패

platform 일반 무대 및 패션쇼 등의 무대를 만들 때 사용되는 것으로 높이는 20cm 단위로 1m까지 조절이 가능하다.

podium 스피치를 하기 위한 연단으로 마이크, 물 컵, 원고 등을 올려놓을 수 있다.

portable stage 조립식 무대로 높낮이를 조절할 수도 있다.

pre-dinner cocktail reception 저녁식사 전의 칵테일 리셉션

Q

qualifying call 예상고객을 상대로 가망고객으로 유도하기 위한 방문

quarter round table 쿼터 라운드 테이블로 1/4원형 테이블이며 사각 모서리를 처리할 때 사용

R

reception style 스탠딩으로 칵테일리셉션 등의 파티를 할 수 있는 수용범위

rectangular table 직사각형 테이블로 식사용, 등록데스크 및 헤드 테이블용으로 사용된다.

room tariff 객실요금표

S

sales blitz 단기간 내에 연회관련 상품의 판매증대를 위하여 일정 기간 연회판촉 담당과 객실부, 식음료부 등 타 부서의 직원이 함께 한 팀이 되어 고객을 방문하는 것

sales call 호텔의 상품을 판매하기 위하여 외부로 고객을 방문하는 것.

sales kit 각종 인쇄 홍보물을 보기 좋게 담을 수 있도록 두꺼운 종이로 된 폴더를 말한다.

seating arrangement 좌석 안내표

secretariat service 문서작성 등 사무에 대한 비서 서비스

seminar style 강의실 스타일(classroom style/school style)이라고도 하며, 세미나 테이블과 의자를 놓고 회의를 할 수 있는 수용범위

sign board 행사의 명칭, 시간, 장소 등을 표시한 안내판

SIS : Simultaneous Interpretation System 동시통역사가 부스 안에서 통역을 하면 청중은 이어 폰(ear phone)을 통해서 자국의 언어로 들을 수 있는 기자재

slide projector 슬라이드용 필름을 하나씩 스크린에 보여주는 기자재

square table 정사각형 테이블로 사각 모서리를 처리할 때 사용

stacking chair 여러 개 겹쳐서 보관할 수 있는 의자

stationery folder 문구함

steward 호텔 내 조리부서에 속해 있으며, 식음료를 제공하기 위한 각종 기물의 관리를 담당하는 곳이다.

sundry 잡수입

symposium 제시된 안건에 대해 전문가들이 다수의 청중 앞에서 벌이는 공개토론회로, 포럼에 비해 다소의 형식을 갖추며, 청중의 질의 기회는 적게 주어진다.

T

tea party 식사시간을 피하여 특별한 자리를 마련하여 다과회를 갖는 것을 말한다.

teleconference 회의 참석자가 회의장소로 이동하지 않고 국가 간 또는 대륙간 통신시설을 이용하여 회의를 하는 것을 말한다.

tentative reservation 잠정적 예약

thank you letter 호텔 이용고객에게 보내는 감사의 편지

theater style 극장처럼 의자만 놓았을 때의 수용범위

theme party 일정한 주제를 정하여 그 주제에 맞는 음식, 복장, 데코레이션 등을 하고 개최되는 파티

V

venue 연회행사가 개최되는 장소

visitor' s book 방명록

Y

yellow book 공중전화번호부

Y.T.D(year to-date) 1월 1일부터 현재까지의 누계

참|고|문|헌 ›››

Angelo, R. M. & A. N. Vladimir(1994), An Introduction To Hospitality Today, Educational Institute of American Hotel & Motel Association

Astroff, M.T. & James R. Abbey(1978), Convention Sales and Services, Wm. C. Brown Company Publishers

Davis, B., A. Lockwood, & S. Stone(1998), Food and Beverage Management, Butterworth-Heinemann

Rutherford, D. G.(1990), Hotel Management and Operations, Van Nostrand Reinhold

Walker, J.R.(2002), Introduction to Hospitality, Prentice Hall

日本ホテル教育センタ-(1995), レストランの實務

벡스코(BXCO) 홈페이지

롯데호텔 매뉴얼

부산광역시 관광협회, 관광숙박업 서비스업무

해운대그랜드호텔 세일즈 · 마케팅 매뉴얼

Hyatt F/B 및 Sales System 매뉴얼

저|자|소|개 >>>

■ 이 정 학

[학력 및 경력]

- 동아대학교 관광경영학과 졸업(1987년)
- 동아대학교 경영대학원(관광경영전공) 경영학석사(1999년)
- 동아대학교 대학원 관광경영학과 관광경영학박사(2004)
- Hyatt Regency Pusan(특1급) 등 10여 년 근무
- 2000년~現, 울산과학대학교 교수(leejh@uc.ac.kr)

[수상경력]

- 경기대학교 주최 전국 대학생 관광학술논문 발표대회 우수상 수상(1985년)
- 문교부후원 제10회 전국 대학생학술연구대회 사회과학분야 장려상 수상(1985년)
- 세계 관광의 날 경상북도 관광협회 표창장 수상(1994년)
- 2008 관광의 날 문화체육관광부 장관 표창장 수상(2008년)

[저서]

- 호텔식음료실무론, 기문사, 1998
- 서비스경영, 기문사, 2001, 2판(2006), 3판(2009), 4판(2013), 5판(2016)
- 국제매너, 기문사, 2001
- 호텔경영의 이해 1판, 기문사, 2002, 2판(2008), 3판(2010), 4판(2015)
- 관광마케팅, 기문사, 2003, 2판(2008), 3판(2015)
- 호텔식음료실습, 기문사, 2004, 2판(2008), 3판(2012)
- 주류학개론, 기문사, 2005, 2판(2012)
- 외식사업경영실무론, 대왕사, 2005, 2판(2011)
- 관광학원론, 대왕사, 2005, 2판(2010), 3판(2013), 4판(2015)
- 현대사회와 매너, 기문사, 2006
- 호텔연회관리론, 기문사, 2006
- 축제이벤트, 대왕사, 2008, 2판(2011)
- 에티켓과 매너, 기문사, 2009
- 서비스마케팅, 대왕사, 2009
- 문화관광의 이해, 대왕사, 2011

- 레저의 이해, 대왕사, 2012
- 가비에서 카페라떼까지(한국 커피와 다방의 사회문화사), 대왕사, 2012
- 호텔연회 & 컨벤션 실무, 기문사, 2013
- 마케팅전략72계, 백산출판사, 2014
- 호텔객실실무, 기문사, 2014
- 의료관광학개론, 백산출판사, 2015
- 방어진 근대의 길을 걷다, 울산발전연구원, 2016

[기타]

- 2006~2010년 울산광역시 시정자문위원(문화관광분야) 역임
- 2008~2011년 한국관광협회중앙회 정책자문위원 역임
- 울산광역시 문화관광해설사 선정 심사위원
- 울산 세계옹기문화엑스포 조직위원 역임
- 울산지역 각종 축제 자문 및 추진위원 역임
- 울산시 고래관광산업진흥기획단 위원 역임
- 동해안권(울산, 경상북도, 강원도) 발전 공동협의회 위원
- 울산관광수기공모전 심사위원
- 관광통역안내사 자격시험 출제위원
- 울산 관광상품 개발 공모전 심사위원
- 2014년~현 : 문화관광해설사 배치위원회 위원
- 2015년~현 : 동해안권 발전 공동협의회 위원
- 2015년~현 : 동남권(부산, 울산, 경남) 관광협의회 위원
- 2016년~현 : 울산광역시 북구 관광진흥위원회 위원
- 2016년~현 : 푸른 울산21 환경경위원회 위원
- 2012년~현 : 울산 시티투어 자문 및 평가위원
- 2016년~현 : 2017 울산방문의 해 추진협의회 위원
- 2016년~현 : 태화강 생태관광협의회 대표
- 2016년~현 : 울산광역시 의정자문 위원
- 2017년~현 : 한국관광레저학회 부회장

호텔연회실무

2017년 8월 31일 초　판 발행
2022년 8월 31일 1판 3쇄 발행

저　자 이 정 학
발행인 한 인 환
발행처 도서출판 **기 문 사**
등　록 1978. 8. 9. NO. 6-0637
주　소 서울시 동대문구 안암로 50-1(용두동) 홍신빌딩 3층
전　화 02) 2265-7214/922-8662~8663
팩　스 02) 922-8772

homepage : www.kimoonsa.co.kr
e-mail : book@kimoonsa.co.kr

ISBN : 978-89-7723-920-3　93590

정가 : 18,000원